U0117999

"河北大学经济学院学科建设项目"和"河北大学高层次人才科研启动项目"资助

积极 极 老龄化

人口健康与社会参与

ACTIVE

AGING

POPULATION HEALTH
AND SOCIAL PARTICIPATION

杨 茜 著

社会科学文献出版社

SOCIAL SCIENCES ACADEMIC PRESS (CHINA)

摘　要

人口老龄化是目前世界上许多国家共同面临的人口发展趋势，而中国作为老年人口规模最大的国家，正经历着迅速的人口老龄化进程。随着社会发展和医疗技术水平的提高，人类寿命不断延长。但寿命的延长并非一直伴随着健康的延续，老年人的健康状况依然不容乐观，这无疑会给我国经济社会发展带来重大挑战。积极老龄化作为应对 21 世纪人口老龄化的发展战略被提出，健康、参与和保障是这一发展战略政策框架的三大支柱，这三者相互促进的同时又相互制约，从而形成一个循环体系。健康和社会参与的关系是使这个循环成为相互促进的良性循环的关键。因此研究二者的关系对于实现积极老龄化、提高老年人的生活质量具有重要意义。

目前较多研究关注了社会参与对于老年人口健康的影响，而忽略了健康对于社会参与的作用，并且对于二者的关系也未进行深入的分析。本研究在对国内外关于老年人口健康和社会参与的文献进行综述的基础上，运用"中国健康与养老追踪调查"（CHARLS）2011~2015 年的数据，分别从社会参与的类型和频率两方面对老年人口健康和社会参与之间的相互关系进行了实证研究，为缓解人口老龄化带来的影响、开发老年人的自身潜能以及促进社会的可持续发展提供了政策建议。本书的主要研究结论如下。

我国老年人整体健康状况一般。我国老年人的身体虚弱指数随着年龄的增长而不断攀升，且呈现明显的性别和城乡差异：男性老年人的身体健康状况好于女性老年人，且老化速度较女性老年人慢；城镇老年人的身体健康状况优于农村老年人，直至 85 岁之后高龄组农村老年人的健康状况优于城镇老年人。老年人的心理虚弱指数在平稳中略有波动，且同样存在性别和城乡差异：男性老年人的心理健康状况整体比女性老年人要好；城镇老年人的心理健康状况整体好于农村老年人。

我国老年人整体社会参与水平较低，参与形式不够多样化。从整体上看，我国老年人社会参与的比例不高，有超过一半的老年人没有任何社会活动参与。根据老年人参与各项活动条件概率的特点对社会参与进行分类之后发现，"不愿参与"型老年人比例最高，之后是"人际互动"型、"帮助他人"型，"多样参与"型老年人的比例最低，老年人参与社会活动的项目较为单一，不够多样化。

老年人口健康是社会参与的前提和基础。在保证身体健康的前提下老年人才有可能进行多样化的社会参与，如果健康状况较差则会制约老年人社会参与的范围和水平。从健康对老年人社会参与类型的影响来看，在不考虑其他控制因素的情况下，老年人身体和心理健康状况越差，则进行多样化社会参与的可能性越低，"不愿参与"的可能性越高。从健康对老年人社会参与频率的影响来看，老年人个体的社会参与频率在初始水平和增长速度上均存在显著的个体间差异，社会参与频率的增长变化率与初始水平之间存在显著的反向关系。身体和心理健康状况较差的老年人社会参与较少。

积极的社会参与是老年人健康促进的有效途径。通过定量研究发现，从老年人社会参与的类型来看，"多样参与"组老年人的身体健康状况最好，"不愿参与"组老年人的身体健康状况最差，即进行多样化的社会参与对老年人身心健康均有积极的影响。从社会参与频率来看，老年人的身体和心理健康在初始水平和增长速度上均存在个体差异。身体虚弱指数的增长变化率和初始水平呈现显著的反向关系，而心理虚弱指数的变化速率和初始状态间则无显著关联。社会参与频率对老年人身体和心理健康均有显著的预测作用，社会参与频率的提高有利于老年人的身心健康。

老年人健康和社会参与的个体差异显著。潜变量增长模型分析发现，老年人个体的身体和心理健康状况在初始水平和增长速度上均存在显著的个体间差异。基期身体健康较差的老年人个体身体状况的下降速度较慢，而心理健康的变化速度和基期的心理健康状况则不存在显著的联系。与此同时，老年人个体的社会参与频率在初始水平和增长速度上均存在显著的个体间差异，增长变化率与初始水平之间存在显著的反向关系。

老年人口健康和社会参与之间存在相互影响的循环关系。这种循环关系既包括"健康状况好—参与多样化/频率高—健康状况好"的良性循环，也包括"健康状况差—不愿参与/频率低—健康状况差"的恶性循环。

关键词：老年人口健康 社会参与 相关关系 潜在类别分析 潜变量增长模型

Abstract

Population aging is a population development trend currently faced by many countries in the world. As the country with the largest elderly population, China is experiencing rapid population aging. With the development of society and the improvement of medical technology, human life has been continuously extended, but the extension of life has not always been accompanied by the continuation of health. The health status of the elderly is still not optimistic, which will undoubtedly bring major challenges to China's economic and social development. Active aging is proposed as a development strategy to cope with population aging in the 21st century. The three elements that form the policy framework for this development strategy are health, participation, and security. These three promote each other while restricting each other, thereby forming a circular system. The relationship between social participation and health is the key to making this cycle a mutually reinforcing virtuous circle. Therefore, it is of great significance to study the relationship between them for the realization of active aging and the improvement of the quality of life of the elderly.

At present, more studies focus on the impact of social participation on the health of the elderly, while ignoring the adverse effects of health on social participation, and the relationship between the two has not been thoroughly analyzed. Based on a review of domestic and foreign literature on social participation and the health of the elderly population, this dissertation uses data from the China Health and Retirement Logitudinal Study (CHARLS) from 2011 to 2015, studies the correlation between social participation and health of the elderly from two aspects of the type and frequency of social participation, which provides policy suggestions for alleviating the impact of population aging, developing the potential of the elderly and promoting the sustainable development of society. The research conclusions of this dissertation include the following.

The overall health of the elderly in China is general, the prevalence of chronic diseases remains high, and the degree of aging deepens with age. The physical frailty index of the elderly in China is increasing with the increase of age, and there are obvious gender and urban-rural differences. The elderly´s mental frailty index is in a state of slight fluctuation in stability, and there are also gender and urban-rural differences.

The overall level of social participation of the elderly in China is low, and the forms of participation are not diversified enough. On the whole, the proportion of elderly people in China is not high, and more than half of the elderly do not participate in any social activities. From the type of social participation of the elderly, the proportion of "Diverse" group is the highest, and the proportion of "Disengaged" group is the lowest, that is to say, the projects of the elderly participating in social activities are relatively single and not diversified enough.

The health of the elderly is the premise and foundation of social participation. Only under the premise of ensuring physical health, it is possible for the elderly to engage in diversified social participation. If the health status is not good, it will restrict the scope and level of social participation of the elderly.

Active social participation is an effective way to promote the health of the elderly. The health status of the elderly in the "Diverse" group was the best, and that of the elderly in the "Disengage" group was the worst. The increase of social participation frequency is beneficial to the physical and mental health of the elderly.

Individual differences in social participation and health among the elderly are significant. Through the analysis of latent growth model, we can find that there are significant individual differences in the initial level and growth rate of physical and mental health of the elderly and social participation frequency.

There is a circular relationship between the health of the elderly population and social participation. This circular relationship includes not only the virtuous circle of "good health–diverse participation / high frequency–good health", but also the vicious circle of "poor health–disengage / low frequency–poor health".

Keywords: Health of the Elderly; Social Participation; Correlation; Latent Class Analysis; Latent Growth Modeling

目　录

第一章　绪　论

第一节　研究背景与问题提出

一　研究背景

放眼世界，老龄化的趋势难以逆转，我国也正处于一个前所未有的人口老龄化时代，且我国的老龄化呈现量大、增速快、区域不平衡的特点。国家统计局的数据显示，在 2000 年第五次人口普查中，65 岁及以上的老年人口比例达到 7%，中国正式进入老年型社会。2020 年第七次人口普查中该比例进一步上升至 13.5%，到了 2021 年底更是达到了 14.2%。从老年人口数量上也能直观地看到我国人口老龄化的变化，1982 年全国 65 岁及以上的老年人口仅有 4991 万人，2018 年增加至 16658 万人，增长了 2.3 倍。据联合国经济与社会事务部人口司预测，我国到 2030 年 65 岁及以上的老年人口数量将达到 2.5 亿人，2050 年将进一步达到 3.6 亿人，届时差不多每 4 个人中就有 1 个老年人。可见，快速的老龄化已经成为我国老龄化的又一突出特征。我国人口老龄化加剧的同时，预期寿命也在不断延长，2010 年第六次人口普查时的人均预期寿命为 74.8 岁，相较于 1990 年的 68.6 岁延长了 6.2 岁，但与此同时，老年人的健康状况与时间的推移呈现负相关关系。尤其是伴随着年龄的增长，老年人口的健康状况每况愈下，具体表现为慢性病发病率、伤残率的不断上升以及自理能力的逐步下降。第五次国家卫生服务调查结果显示，我国老年人的两周患病率为 57%，相较于 2008 年上升了近 25 个百分点，60 岁及以上的老年人慢性病患病率为 72%，与此同时，老年人患病具有患病时间长、病情复杂和治疗难度大等特点，这会给医疗卫生体系带来巨大的挑战。由此可见，与人口老龄化相伴而生的老年人口健康和医疗问题将会是我国社会发展面临的重大挑战。因此如何应对人口老龄化，提高老年人晚年的生活质量，维护好老年人的尊严，是我们亟须解决的问题。

为了积极应对日益严峻的人口老龄化，提高老年人口的健康预期寿命，世界卫生组织（World Health Organization，WHO）于 2015 年提出健康老龄化的战略。"健康老龄化"最早在 1987 年召开的世界卫生大会上被提出，当时还将健康老龄化的决定因素列入老龄研究的重要课题。接下来 1990 年在哥本哈根世界卫生组织召开的世界老龄大会上把"健康老龄化"作为应对人口老龄化的一项重要发展战略。我国著名学者邬沧萍教授带领中国老年学学会代表团在 1993 年举行的"健康老龄化"学术研讨会以及 2007 年举行的"中国健康论坛"上，诠释了健康老龄化的理论。

2002 年，在联合国第二次世界老龄大会上，WHO 在之前健康老龄化的基础上增加了"保障"与"参与"两个维度，将其发展为"积极老龄化"的政策框架。自此，"积极老龄化"作为应对 21 世纪老龄化的政策框架被正式提出，并在会议成果文件《政治宣言》中强调应当根据老年人自身的意愿和能力，为老年人提供参与各类社会活动的机会。[①] 增强老年人的能力以及促进他们的充分参与，是促进"老有所事"的基本要素。另一项会议成果文件《2002 年马德里老龄问题国际行动计划》给出了行动建议，建议老年人积极参与社会的发展，为老年人继续贡献社会扫清障碍。

"积极老龄化"是指提升老年人口健康、社会参与以及保障的水平以达到延长老年人的健康寿命，提高其生活质量的过程。在老龄化应对路径方面，积极老龄化"以权利为基础"导向，认为老年人仍然拥有参与经济、社会、文化事务的平等权利，大部分的老年人仍然是社会和家庭的宝

---

① 全国老龄工作委员会办公室，中国老龄协会. 第二次老龄问题世界大会暨亚太地区后续行动会议文件选编［M］. 北京：华龄出版社，2000.

贵财富。① 而健康、参与、保障三要素共同支撑了"积极老龄化"目标的
实现。在现实中，社会参与是积极老龄化的核心内容，也是其区别于健康
老龄化等老龄化理念的根本特质。因此，为积极应对人口老龄化的全球趋
势，学术界和政府基本达成了共识，即实行"积极老龄化"战略，鼓励老
年人进行社会参与。

目前较多研究肯定了社会参与对于老年人健康的积极作用，较高的社
会参与水平与较低的死亡率和发病率有关，并且对老年人的生活质量有积
极影响。② 换言之，缺乏社会参与是导致老年人身心健康问题的一个危险
因素，在社会上孤立的个体往往发病率和死亡率较高。③ 较高频率地参与
社会活动会对老年人健康，尤其是心理健康具有明显的促进作用。④ 积极
参与社会活动会预防和减少老年人焦虑、抑郁等不良情绪，有助于提升老
年人心理健康水平。⑤ 但也有一些研究表明社会参与对老年人健康的作用
并非一直都是积极的，社会参与也会给老年人带来精神困扰，从而对心理
健康产生负面影响。⑥ 过于积极地参与志愿者活动对死亡率并未起到抑制
作用。⑦ 而经常参与某一特定类型的社会活动可能使参与者产生一种义务

① WHO. Active Ageing：A Policy Framework ［R］. 2002.
② Holmes，W. R. and J. Joseph. Social Participation and Healthy Ageing：A Neglected，Significant Protective Factor for Chronic Non Communicable Conditions ［J］. Globalization and Health，2011，7：43；Arokiasamy，P.，et al. Longitudinal Study in India：Vision，Design，implementation，and Preliminary Findings ［A］. J. P. Smith and M. Mujumdar. Ageing in Asia：Findings from New and Emerging Data Initiatives ［C］. Washington DC：National Academy Press，2012：36-76.
③ Nicholson，N. R. Jr. Social Isolation in Older Adults：an Evolutionary Concept Analysis ［J］. Journal of Advanced Nursing，2008，65（6）：1342-1352.
④ 郑晓冬，方向明. 社会活动参与对老年人健康的影响——基于 CHARLS 2011 数据的考察 ［J］. 哈尔滨工业大学学报（社会科学版），2017，19（02）：16-23.
⑤ 刘颂. 老年社会参与对心理健康影响探析 ［J］. 南京人口管理干部学院学报，2007，4：38-40.
⑥ Mitchell C. U.，LaGory M. Social Capital and Mental Distress in an Impoverished Community ［J］. City & Community，2002，1，199-222.
⑦ Musick M. A.，Herzog A. R.，House J. S. Volunteering and Mortality Among Older Adults：Findings From a National Sample ［J］. J Gerontol B Psychol Sci Soc Sci，1999，3：S173-S180.

感，从而不利于他们的健康。^① 由此可见，我们对老年人社会参与和健康关系的认识还不够深入，还需要从社会参与的类型和频率方面关注其对老年人健康产生的不同影响。

此外，有一个问题关注得相对较少，即良好的健康状况可能是社会参与的结果，也有可能是社会参与的先决条件。^② 以往研究只关注了社会参与对老年人健康的单向影响，忽略了老年人口健康对于社会参与的反向作用。事实上，老年人自身的健康状况会直接影响其社会参与的意愿以及参与的范围，因此还应该从健康方面关注其对老年人社会参与产生的反向影响，并重点关注那些由于自身健康问题而无法参与社会的老年人以及他们的健康促进途径。总而言之，目前尚没有研究对于老年人口健康和社会参与的关系进行全面、深入的分析，因此亟须对二者之间的关系予以关注。

二 问题的提出

本研究解决以下问题。

（1）老年人口健康和社会参与二者是否相关，不同健康状况的老年人社会参与的频率、类型是否存在差异。

（2）若老年人口健康和社会参与相关，那么二者的关系程度如何，关系的性质是什么；健康会对老年人社会参与的类型产生多大的影响，影响方向是怎样的；健康状况较好的老年人社会参与频率是否也会相对较高；不同类型的社会参与对于老年人健康会产生怎样的影响；社会参与频率高的老年人是否健康状况更好。

（3）老年人的身心健康和社会参与随着时间的变化特征如何，老年人

① Kimiko T., Norio K., Hiroshi H. Positive and negative influences of social participation on physical and mental health among community-dwelling elderly aged 65-70 years: a cross-sectional study in Japan [J]. BMC Geriatrics, 2017, 1: 111.

② Melchior, M. et al. Social relations and sef-reported health: a prospective analysis of the French Gazel cohort [J]. Social Science & Medicing, 2003, 56, 8: 1817-1830; Smith, K. P. and Christakis, N. A. Social networks and health. Annual Review of Sociology [J]. Social Science&Medicine, 2008, 75 (7): 1288-1295.

个体间差异有多大，二者之间动态变化的循环机理是怎样的。

这些都是在探讨老年人口健康和社会参与关系的过程中值得思考的问题，厘清这些问题不仅有助于公众从新的视角对我国老年人口健康和社会参与的关系进行深入了解，更有助于学术界对于健康和社会参与相关的理论进行扩展和探讨，同时有助于政府制定公共政策，妥善应对人口老龄化带来的各项挑战。

第二节 研究目的与研究意义

一 研究目的

通过对老年人口健康和社会参与相关研究的归纳，构建出二者相互影响的理论分析框架，针对老年人口健康和社会参与的相关关系进行深入讨论，尝试从新的视角对二者的关系进行扩展，并在研究中达到以下目的。其一，深入了解当前中国老年人的身心健康和社会参与的整体特征以及随时间的变化趋势。其二，探讨不同健康状况的老年人社会参与类型和频率的差异，以及不同类型、频率的社会参与对老年人健康状况的影响有何不同。其三，为改善我国老年人的健康状况，促进健康公平提供政策建议。

二 研究意义

人口老龄化是我国的基本国情，亦是世界性的社会问题。我国自2000年进入老龄化社会，目前已经发展成为全世界老龄人口最多的国家，且持续保持着快速增长。因此，如何保证基数庞大且增长迅速的老年人群体能够安享晚年是我们国家和社会面临的重大问题和严峻挑战。在此种背景下研究老年人口健康和社会参与之间的相关关系，具有丰富的理论意义和现实意义。

（一）理论意义

第一，在社会学、人口学、老年学等领域均有研究表明老年人口健康和社会参与之间存在着相关关系。本研究丰富和补充了老年人社会参与的相关理论。老年人口健康和社会参与的问题不仅是老年学的重要内容，更是一个重要的社会问题，同时也是人口学和老年学的重要研究议题。本研究在回顾了健康和社会参与相关研究的基础上，借鉴人口学、老年学、社会学、经济学和心理学等多学科的基本理论及研究方法，对老年人社会参与的类型给予了科学的划分，并从身体健康和心理健康两个维度分别构建了老年人身体虚弱指数和心理虚弱指数，为老年人口健康和社会参与的相关研究提供了新的视角。

第二，对于全国范围内的大样本调查数据的深度开发，有利于形成对老年人口健康和社会参与关系的全面、系统的认识，为促进我国老年人口健康的改善提供理论指导。2011 年以来，得益于北京大学中国社会科学调查中心和北京大学团委共同执行的大型跨学科调查项目"中国健康与养老追踪调查"（China Health and Retirement Logitudinal Survey，CHARLS），国内关于老年人社会参与和健康的研究日益增多，诸多学者选用 CHARLS 微观数据在国内很多顶级期刊上发表了老年人健康问题、养老问题、社会保障问题等相关研究，但选用 CHARLS 数据对老年人社会参与和健康的关系进行深入研究的成果较少，已有成果大多是从社会参与对老年人健康状况的影响方面入手，而关注二者相互关系的研究较少。因此，本研究开发数据库中关于老年人口健康和社会参与的相关数据，丰富了健康和社会参与的相关研究，构建了中国老年人健康的评价指标体系，完善了对中国老年人社会参与的认识，为推动我国积极老龄化、健康老龄化提供了证据支持，也为实现老年人的健康长寿提供了一定的理论指导。

第三，通过追踪同一批老年人身心健康和社会参与频率的变化，考察老年人身心健康和社会参与频率随时间变化的过程，以及老年人个体间的变化差异，有利于深入了解老年人口健康和社会参与的动态变化过程以及二者之间的关系。

第四，探讨了老年人口健康和社会参与相互影响的机理。本研究通过理论和文献梳理了健康和社会参与相互影响的路径，总结了二者相互影响的循环机理，完善了当前关于老年人口健康和社会参与关系的研究，具有重要的理论意义。

（二）现实意义

第一，有助于积极老龄化的实现。积极老龄化把老龄化的过程看作积极正面的、有活力的过程，提倡老年人要有健康的生活并且主张老年人有机会贡献社会。而老年人只有通过持续的社会参与，开发独立自主的潜能，才可以维持健康的体魄以及生产力。积极老龄化所包含的内容较为多元，"积极"不仅仅指的是积极地获得健康，更包含了老年人能持续地参与经济、社会、文化等各类活动。老年人的健康和机体功能亦是多样化的，即便老年人身患疾病同样可以保持良好的活动能力，积极地为家庭、社区和社会做出贡献。因此，促进老年人进行社会参与对于缓解人口老龄化带来的影响、开发老年人的自身潜能以及促进社会的可持续发展具有重要的意义。

第二，有利于建立和谐家庭和社会。老年人在家庭中往往充当着被赡养和被照顾的角色，尤其当老年人患有慢性疾病时，其所需要的医疗和照料支出将会给一个家庭带来沉重的负担。加之目前我国生育率持续较低导致的"四二一"家庭增多，如果不开发和利用老年人在家庭和社会中的价值，那么将对家庭乃至社会的和谐造成严重影响。而如果能对老年人的价值和自主能力进行挖掘，使其可以从事一些诸如照料孙子女等代际互动的活动，那么不仅能将老年人的技能和潜能发挥出来，而且可以满足家庭和社区的一些要求，这对促进社会和谐发展的意义不言而喻。

第三，为制定与老龄工作相关的政策提供了实证依据。通过研究老年人口健康和社会参与的相关关系，可以为国家老龄工作者提供科学的决策依据。根据老年人群体差异性的特点为不同的老年人群体制定符合自身特点的政策，为老年人提供健康和社会参与所需的各项支持。

第三节　研究内容与研究方法

一　研究内容

图 1-1 直观地展示了全书的框架结构。

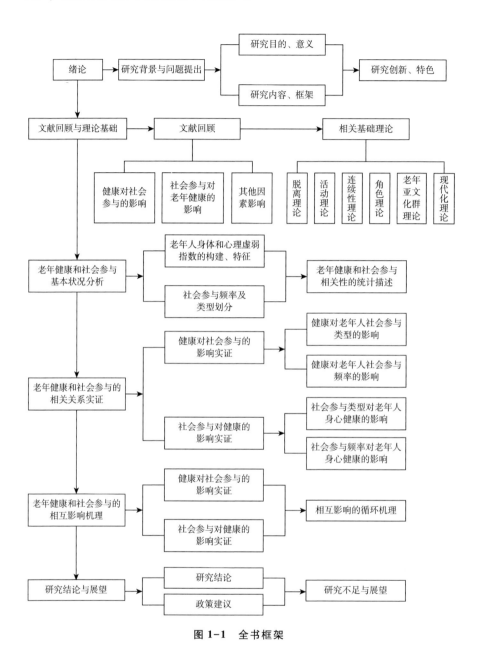

图 1-1　全书框架

第一章，绪论部分。此部分包含了本研究的背景，在这个背景下提出的研究问题、研究的目的及意义、研究的主要内容、框架，以及创新点和特色。

第二章，理论基础。这部分包含了对老年人口健康和社会参与相关概念的解释与界定，并对脱离理论、活动理论、连续性理论等与老年人相关的理论进行了详细的回顾。整理了关于老年人口健康和社会参与二者关系的研究成果，以及健康和社会参与的影响因素，并在此基础上提出了老年人口健康和社会参与存在相互影响的假设。

第三章，对使用的数据来源、变量选取进行了详细的说明，并对文中所运用到的研究方法进行了详细的介绍。

第四章，首先对反映老年人口健康的几个主要指标的现状进行了描述，然后运用各个健康指标分别构建了老年人身体虚弱指数和心理虚弱指数，并对两个指数的特征进行了描述性分析。接下来，描述了老年人各项社会活动参与频率的现状，并运用潜在类别分析法（或称"潜类别分析法"）对老年人的社会参与进行了分类，且对分类后各个类别的社会参与进行了命名和介绍。

第五章，描述了老年人口健康和社会参与的两两相关关系，以及健康、社会参与分别和控制变量的相关关系，为接下来的实证研究奠定基础。

第六章，老年人口健康对社会参与影响的实证分析。首先选取 2015 年的截面数据运用无序多分类 Logit 回归分析老年人身心健康对于社会参与类型的影响，然后利用纵向数据考察老年人社会参与频率随着时间变化的特点以及个体间差异，以及健康状况如何对老年人社会参与频率产生影响。

第七章，社会参与对老年人口健康的影响实证。首先运用多元回归分析了社会参与类型对老年人身心健康的影响，然后运用潜变量增长模型考察 2011~2015 年老年人身心健康的变化特点以及老年人个体间差异，以及社会参与频率如何对老年人健康状况产生影响。

第八章，根据已有文献和相关理论探讨了老年人口健康可能对社会参与产生影响的路径，以及社会参与可能影响老年人口健康的路径，并总结出二者相互影响的循环机理。

第九章，对全文的总结。首先总结了研究的主要结论，然后分别从政府、社区、家庭和老年人个人的角度提出了对老年人社会参与的支持，以实现健康和社会参与之间的良性循环。

二 研究方法

从研究方法来看，采用了定性研究和定量研究相结合的方法，具体的方法主要包括以下几种。

文献研究法，即通过搜集和整理大量国内外的文献、资料，充分了解和掌握当前老年人口健康和社会参与的相关理论以及国内外研究现状，为实证分析提供理论基础，同时发现已有研究的不足。

实证研究法，首先对样本的基本情况以及健康和社会参与的现状进行了描述统计，其中利用虚弱指数法分别构建了老年人身体虚弱指数和心理虚弱指数，运用了潜类别分析法对社会参与进行了分类；然后利用单因素分析探讨了健康和社会参与之间的两两相关关系；接下来利用多因素分析，通过构建无序多分类 Logit 模型和多元线性回归模型来探讨健康和社会参与类型之间的相互影响，通过构建潜变量增长模型来探讨健康和社会参与频率之间的相互影响，并刻画老年人身体虚弱指数和心理虚弱指数以及社会参与频率随着时间而变化的趋势。

第四节 研究创新与特色

本研究的创新表现在以下几方面。

第一，运用"中国健康与养老追踪调查"（CHARLS）的截面数据，通过虚弱指数法分别构建了老年人的身体虚弱指数和心理虚弱指数，用来综合反映当前我国老年人口的身心健康状况。并分别分析了老年人身体虚弱指数和心理虚弱指数的性别、城乡差异，丰富了国内关于虚弱指数的研究。

第二，运用潜在类别分析方法在以往研究的基础上根据老年人口社会参与呈现的特征对其进行分类，以尝试识别出老年人的社会参与类型，将拥有共同社会参与特征的老年人归为一类，进而通过老年人社会参与的类型来分析不同群体在社会参与中的异质性，这也是潜在类别分析方法的优点所在。同时，社会参与对老年人口身心健康的积极作用虽已得到证实，但具体哪种类型的社会参与会对老年人的身心健康产生更大的影响并未得到广泛关注。为此本研究还检验了不同类型的社会参与对老年人身心健康影响的差异，以及老年人的健康状况是否影响老年人社会参与类型的选择。

第三，基于 CHARLS 的纵向数据，运用潜变量增长模型分别刻画了社会参与频率和老年人身体虚弱指数、心理虚弱指数随着时间的变化过程。同时根据无条件模型分析了老年人口身体健康和心理健康状况在初始水平以及增长速度上的个体间差异。

第四，运用文献法梳理了老年人口健康和社会参与相互影响的机理，指出老年人的身体健康状况会直接影响老年人社会参与的水平和范围，而身体健康还会通过影响老年人的心理健康、社会资本和老年教育进而影响老年人的社会参与。社会参与对老年人口健康既有直接影响又会通过影响生活方式、生活满意度以及社会支持而间接对健康产生影响。还总结了老年人口健康和社会参与之间相互影响的循环机理。

第二章　文献回顾与理论基础

第一节　文献回顾

国内外关于老年人口健康和社会参与关系的研究成果较为丰富。其中既包括了老年人的健康状况对社会参与的影响，又包括了社会参与对老年人身心健康的作用，这为研究二者的相关关系提供了重要的理论基础。

一　老年健康对社会参与的影响

社会参与影响老年人口健康的研究相对丰富，但随着研究的不断深入，一个问题值得我们的关注，即老年人口健康和社会参与之间或许存在着相互影响，也就是健康可能是老年人社会参与的结果，但同时也有可能是社会参与的先决条件。Aartsen 等[1]认为，认知能力较高的老年人更喜欢参与那些对认知水平要求高的活动。Hultsch 等人[2]也认为，拥有高能力的人通常会积极参与那些使智力保持活跃的活动。位秀平[3]也肯定了老年人口健康影响社会参与的选择机制，他认为，健康状况好的老年人社会参与较多，而健康状况差的老年人，随着时间的推移则更倾向于参与家事个人

---

① Aartsen M. J. , et al. Activity in Older Adults: Cause or Consequence of Cognitive Functioning? A longitudinal Study on Everyday Activities and Cognitive Performance in Older Adults [J]. Journal of Gerontology: Psychological Sciences, 2002, 2: 153-162.

② Hertzog, C. , Hultsch, D. F. , and Dixon, R. A. On the problem of detecting effects of lifestyle on cognitive change in adulthood: Reply to Pushkar et al. [J]. Psychology and Aging, 1999, 14: 528-534.

③ 位秀平. 中国老年人社会参与和健康的关系及影响因子研究 [D]. 华东师范大学, 2015.

活动。Erlinghagen 和 Hank[1] 利用欧洲健康、老龄化与退休调查（Survey of Health，Aging and Retirement in Europe，SHARE）数据发现，健康状况与老年人志愿活动参与率之间有显著联系，自评健康为差的老年人志愿活动参与率（6%）大大低于自评健康为好的老年人（12%）。Wilson[2] 也发现，志愿活动可以改善健康状况，健康的人也更有可能成为志愿者。Maier 和 Klumb[3] 指出了二者的相互影响关系，认为一方面社会参与对健康会产生有利的影响，另一方面良好的健康状况也会促进老年人社会活动的参与。虽然健康状况不佳的老年人仍然可以进行社会活动参与，但总的来看，健康状况好的老年人进行社会活动参与时，其在参与范围、参与种类以及参与程度等方面均会强于健康状况差的老年人。Sirven 和 Debrand[4] 认为，老年人身体和心理健康状况不佳会降低老年人参与社会组织的机会，因为参与社会组织一般都需要老年人有一定的活动能力和社会技能，而对于身体功能有障碍的老年人来说，外出与人见面就很困难了，更何谈参与社会组织，而与社会隔离通常也是导致老年人抑郁症的因素之一。

其中更有研究表明，健康对社会参与的影响反而要大于社会参与对健康的影响，这意味着健康状况良好的老年人更倾向于参与社会活动并从中获益[5]，这一结果表明，社会参与可能会加剧健康不平等的程度。Sirven 和 Debrand[6] 运用前两期 SHARE 数据指出，健康之于社会活动参与的影响要大于社会活动参与之于健康状况的影响。Aartsen 等人[7] 运用阿姆斯特丹纵

① Erlinghagen，M. and K. Hank. The participation of older Europeans in volunteer work ［J］. Ageing & Society，2006，26，4：567-584.

② Wilson，J.，Volunteering ［J］. Annual Review of Sociology，2000，26：215-40.

③ Maier，H. and Klumb P. L. Social Participation and Survival at Older Ages：Is the Effect Driven by Activity Content or Context? ［J］. European Journal of Ageing，2005，1：31-39.

④ Sirven，N. and Debrand T. Social Capital and Health of Older Europeans：Causal Pathways and Health Inequalities ［J］. Social Science & Medicine，2012，7：1288-1295.

⑤ Sirven，N. and Debrand，T. Social participation and healthy ageing：an international comparison using SHARE data ［J］. Social Science&Medicine，2008，12：2017-2026.

⑥ Sirven，N. and Debrand T. Social Capital and Health of Older Europeans：Causal Pathways and Health Inequalities ［J］. Social Science & Medicine，2012，7：1288-1295.

⑦ Aartsen，M. J.，et al. Activity in Older Adults：Cause or Consequence of Cognitive Functioning? A longitudinal Study on Everyday Activities and Cognitive Performance in Older Adults ［J］. Journal of Gerontology：Psychological Sciences，2002，2：153-162.

向老龄化调查数据（Longitudinal Aging Study Amsterdam，LASA）研究发现，控制了年龄、性别、教育水平等变量之后，没有任何社会活动参与会使老年人认知能力提升，相反地，其中一项认知能力（信息处理速度）会影响老年人参与发展性的活动（developmental activity）。同样持此观点的学者还有陆杰华等人[1]，他们利用中国高龄老人健康长寿跟踪调查（CLHLS）数据，运用 Logit 模型和固定效应模型分析了老年人自评健康与社会参与之间的相互影响关系，结果发现，自评健康好的老年人更容易从社会活动参与中获益，从而通过心理作用更有可能获得较好的自评健康，从而形成"自评健康好—社会参与—自评健康好"的良性循环。同样，心理健康对社会参与的影响也有类似结论，Ding 等人[2]利用澳大利亚的数据研究，指出了老年人心理健康和社区社会参与之间具有交互影响，其中当年心理健康状况更好的老年人更有可能在下一年参与社区活动，而在上一年心理健康状况不佳的老年人相对于心理健康状况好的老年人来说当年更难从社会参与中获益。

二 社会参与对老年健康的影响

（一）社会参与影响老年人身体健康

国外关于社会参与和身体健康关系的研究成果较为丰富。自评健康是衡量个体整体健康状况的重要指标。[3] 高水平的社会参与和更好的自评健康有关。[4] 反之，老年人的自评健康状况较差往往与缺乏社会参与有关。[5] 社会

① 陆杰华，李月，郑冰 . 中国大陆老年人社会参与和自评健康相互影响关系的实证分析——基于 CLHLS 数据的检验 ［J］. 人口研究，2017，1：15-26.
② Ding N., Berry H. L. and O´Brien L. V. One-year Reciprocal Relationship between Community Participation and Mental Wellbeing in Australia：A Panel Analysis ［J］. Social Science &Medicine，2015，128：246-254.
③ Idler, E. L. and Benyamini Y. Self-rated health and mortality：a review of twenty-seven community studies ［J］. Journal of health and social behaviour，1997，38（1）：21-37.
④ Veenstra, G. Social capital, SES and health：an individual-level analysis ［J］. Social science & medicine，2000，50（5）：619-629.
⑤ Pollack. E. & von dem Knesebeck, O. Social capital and health among the aged：comparisons between the United States and Germany ［J］. Health and place，2004，10（4）：383-391.

关系对于老年人来说至关重要，因为人在老年期会经历社会角色的转变。[①] Kobayashi 等人[②]通过对加拿大老年人的研究发现，社会联系越多，老年人的自评健康状况就越好。Newsom 和 Schulz[③] 研究发现，在美国老年人中，社会联系的增加与身体功能受损的降低有关。Hong 等人[④]通过对韩国老年人的研究发现，一个月参与两次或者三次社会活动能促进健康相关的生活质量提升。与此同时，持续不断地进行各种休闲体育锻炼可以改善老年人的健康状况。[⑤] 还有一些研究从志愿服务活动的角度分析了社会参与对老年人口身体健康的影响。老年人参与志愿服务活动与未参与志愿活动的对照组相比会有更好的自评健康、身体机能和体力活动等。[⑥] 而老年人基期参与志愿服务活动与追访时高血压风险降低有关。[⑦] Nagarkar 和 Kulkarni[⑧] 通过对 1124 名印度 60 岁及以上的老年人进行的一次截面调查发现，自评健康状况较好的老年人更愿意与亲友互动、参与娱乐活动以及志愿活动，该研究强调了老年人保持社会参与的重要性，即使在身体功能下降的情况下，社会参与对健康也有保护作用。

国内关于社会参与和老年人身体健康之间的关系近年来也受到了广泛

---

① Betts Adams, K., Leibrandt, S. and Moon H. A critical review of the literature on social and leisure activity and well-being in later life [J]. Ageing and society, 2011, 31 (4): 683–712.

② Kobayashi, K. M., Cloutier-Fisher D., Roth M. Making meaningful connections: a profile of social isolation and health among older adults in small town and small city, British Columbia [J]. J Aging Health, 2009, 21: 374–397.

③ Newsom, J. T., Schulz R. Social support as a mediator in the relation between functional status and quality of life in older adults [J]. Psychol Aging, 1996, 11: 34–44.

④ Hong, M., Jennie C. De Gagne., Hyewon Shin. Social networks, health promoting-behavior, and health-related quality of life in older Korean adults [J]. Nursing& Health Sciences, 2018, (20): 79–88.

⑤ Bădicu Georgian and Balint Lorand. The influence of leisure sports activities on social health in adults [J]. SpringerPlus, 2016, 5: 1647.

⑥ Von Bonsdorff, M. B., Rantanen T. Benefits of formal voluntary work among older people: a review [J]. Aging Clin Exp Res, 2011, 23: 162–169.

⑦ Tavares, J., Burr, J. A., Mutchler J. E. Race differences in the relationship between formal volunteering and hypertension. J Gerontol B Psychol Sci Soc Sci, 2013, 68: 310–319.

⑧ Nagarkar, A., S. Kulkarni. Association Between Social Participation and Self-rated Health Among Older Adults in Pune [J]. Indian Journal of Gerontology, 2015, 29 (4): 432–444.

关注。张冲和张丹[①]利用 CHARLS 基线调查数据研究了城市老年人社会参与对健康的影响，结果发现，社会活动参与越多的老年人其日常活动能力越好。胡宏伟等[②]利用工具变量法解决内生性问题后认为，社会参与对老年人身体健康具有积极的正向影响，且对于工具性失能有预防作用。郑晓冬[③]运用工具变量法讨论了老年人口健康和社会参与的关系，结果表明社会参与对老年人的自评健康有显著的正向影响。此外，陆杰华等[④]的研究表明老年人的自评健康和社会参与之间可能存在互为因果的关系，并认为自评健康对社会参与的影响可能大于社会参与对自评健康的影响。

（二）社会参与影响老年人心理健康

国外大量的经验证据表明心理健康和社会参与之间密切相关，而社会参与在老年人认知能力中所起的作用也已经被许多研究所证实。在一项以社区为基础的调查问卷中，对 354 名 50 岁及以上的中老年人进行认知能力的基线调查，结果表明参与更多的社会交往与更好地维持 MMSE 得分有关，并且在 12 年后的随访中降低了 MMSE 得分下降的概率。[⑤] Brown 等人[⑥]通过纵向研究发现，基期的社交活动与认知能力有关，却不能预测认知能力的变化。同样的，缺少社会联系会使老年人感觉到孤独，这大大增大了

① 张冲，张丹. 城市老年人社会活动参与对其健康的影响——基于 CHARLS 2011 年数据 [J]. 人口与经济，2016，（5）：55-63.
② 胡宏伟等. 社会活动参与、健康促进与失能预防——基于积极老龄化框架的实证分析 [J]. 中国人口科学，2017，（4）：87-128.
③ 郑晓冬，方向明. 社会活动参与对老年人健康的影响——基于 CHARLS 2011 数据的考察 [J]. 哈尔滨工业大学学报（社会科学版），2017，（3）：16-23.
④ 陆杰华，李月，郑冰. 中国大陆老年人社会参与和自评健康相互影响关系的实证分析——基于 CLHLS 数据的检验 [J]. 人口研究，2017，（1）：15-26.
⑤ Holtzman R. E. , et al, Eaton WW. Social network characteristics and cognition in middle-aged and older adults [J]. J Gerontol B Psychol Sci, Soc Sci, 2004, 59：278-284.
⑥ Brown, C. L. , et al. Social activity and cognitive functioning over time：a coordinated analysis of four longitudinal studies [J]. Journal of Aging Research, 2012：1-12.

认知能力下降的风险。① Sörman 等②通过对 1475 名在基期未患痴呆症的 65 岁及以上的瑞典老年人进行了长达 15 年的追访研究发现，社交型活动能降低老年人认知功能损失的风险。Wang 等人③通过对中国 1463 位 65 岁及以上的老年人进行追踪调查发现，老年人参与休闲活动可以防止认知能力的下降。Doi 等人④把体力活动分为低强度的体力活动和中强度的体力活动，并证明了中强度的体力活动有助于缓解老年人的脑萎缩以及神经认知功能的退化。关于志愿服务活动对老年人认知能力影响的研究相对较少，Carlson 等人⑤对基期认知能力受损的老年人进行研究发现，与有认知障碍的非老年志愿者相比，参与志愿服务活动的老年人其执行能力和记忆力得分均得到改善。

此外，还有较多研究关注社会参与对老年人患痴呆症风险的影响。一项针对日裔美国老年男性（最后一次随访时平均年龄为 76.8 岁）的研究发现，晚年时期社会关系最少（没有或只有一个社会关系）的老年人患痴呆症的风险比社会关系最多（4~5 个）的老年人高出 125%。⑥ 另外一项针对加州 2249 名 75 岁及以上的老年女性的纵向调查也发现，在基线调查时拥有更多社会关系的老年女性在 3 年后患痴呆症的风险较低（OR 0.74，95% CI 0.57~0.97）。⑦ 澳大利亚的一项研究针对 706 名 65 岁及以上的受

① Cacioppo, J. T. , and Hawkley, L. C. Perceived social isolation and cognition [J]. Trends in Cognitive Sciences, 2009, 13 (10): 447-454.

② Sörman, D. E. , Sundström, A. , Rönnlund, M. , Adolfsson, R. , & Nilsson, L. G. Leisure activity in old age and risk of dementia: A 15-year prospective study [J]. Journals of Gerontology, 2014, 69 (4): 493-501.

③ Wang H-X et al. Late life leisure activities and risk of cognitive decline [J]. Journals of Gerontology: Medical Sciences, 2013, 02: 205-213.

④ Doi, T. , et al. Objectively measured physical activity, brain atrophy, and white matter lesions in older adults with mild cognitive impairment [J]. Experimental Gerontology, 2015, 62 (1): 1-6.

⑤ Carlson, M. C. , et al. Midlife activity predicts risk of dementia in older male twin pairs [J]. Alzheimers Dement, 2008, 4: 324-331.

⑥ Saczynski, J. S. , et al. The effect of social engagement on incident dementia: the Honolulu-Asia Aging Study [J]. Am J Epidemiol, 2006, 163: 433-440.

⑦ Crooks, V. C. , et al. Social network, cognitive function, and dementia incidence among elderly women [J]. Am J Public Health, 2008, 98: 1221-1227.

访者进行了长达15年的跟踪调查，研究社会关系对记忆力的影响，结果发现，那些社会关系较少的人，他们回忆个人经历的能力下降得更快。[1] 换句话说，在这项调查中社会关系最少的老年人，他们对生活事件的记忆力，每过一年都会经历急剧的下降。Park 等人[2]的一项针对 65 岁及以上韩国女性的研究发现，生活满意度与参与社区社会活动有显著的正相关关系。另一项针对瑞典 1375 位 75 岁及以上的老年人进行的纵向队列研究发现，在控制了年龄、性别、教育、认知能力等因素后，痴呆症的发病率随着社会参与频率的增加而降低（少于每周一次社会参与，发病率 OR 为 0.92；每天或每周一次社会参与，发病率 OR 为 0.58）。[3]

国内关于社会参与影响老年人健康状况特别是心理健康状况的研究相对较少。赵忻怡和潘锦棠[4]通过分析城市丧偶老人的社会参与发现，经常参加跳舞健身活动的女性老年人抑郁程度较低，而对丧偶男性老人而言，二者之间没有显著关系。张冲和张丹[5]通过研究城市老年人社会活动参与对健康的影响发现，社会参与越多的老年人其抑郁情绪越少。温兴祥等[6]发现，在各项社会活动中，与朋友交往、休闲娱乐活动和为他人提供帮助对农村中老年人的精神健康有重要的提升。张莉和崔臻晖[7]通过对 CLHLS 数据研究发现，参与休闲活动比例较高的老年人，他们的认知能力受损比例会相对较低。

① Giles, L. C., et al. Social networks and memory over 15 years of followup in a cohort of older Australians: results from the Australian Longitudinal Study of Ageing [J]. J Aging Res, 2012: 1-7.
② Park, M., Kim, J., Park B. The effects of health on the life satisfaction of poor and nonpoor older women in Korea [J]. Health Care Women Int, 2014, 35: 1287-1302.
③ Wang, H., et al. Late-life engagement in social and leisure activities is associated with a decreased risk of dementia: a longitudinal study from the Kungsholmen Project [J]. Am J Epidemiol, 2002, 155: 1081-1087.
④ 赵忻怡, 潘锦棠. 城市女性丧偶老人社会活动参与和抑郁状况的关系 [J]. 妇女研究论丛, 2014, 02: 25-33.
⑤ 张冲, 张丹. 城市老年人社会活动参与对其健康的影响——基于 CHARLS 2011 年数据 [J]. 人口与经济, 2016, (5): 55-63.
⑥ 温兴祥, 文凤, 叶林祥. 社会资本对农村中老年人精神健康的影响——基于 CHARLS 数据的实证研究 [J]. 中国农村观察, 2017, (04): 130-144.
⑦ 张莉, 崔臻晖. 休闲活动对我国老年人认知功能的影响 [J]. 心理科学, 2017, 40 (2): 380-387.

三 其他因素的影响

(一) 对老年人口健康的影响

通常来说，老年人的健康状况会受到个体特征、行为方式以及社会经济因素等方面的影响。

从老年人的个体特征来看，男性老年人的自评健康状况要好于女性老年人，[①] 这可能是由于相对于男性老年人，女性老年人更有可能受到生活中负面事件的影响，因而在对自己的健康进行评价时倾向于夸大不好的情况。[②] 随着年龄的增长，老年人的老化程度越来越高，健康状况变得更差。而城镇老年人的健康状况要普遍好于农村老年人，农村老年人健康不平等现象更为严重。[③] 这可能由于城镇老年人享有较好的医疗和社会保障，且有较好的生活条件和生活习惯。受教育水平较高的老年人通常健康状况也更好，二者之间存在着正相关关系。[④] 这可能是由于受教育水平高的老年人更有可能得到较好的工作机会、获得更高的收入等。

从老年人的行为方式来看，老年人个体不同的行为方式如吸烟、饮酒、体力活动和定期锻炼等会对老年人的健康产生影响。Ricci 等人[⑤]发现，吸烟会使老年人的认知能力衰退进而影响老年人的身体素质。而戒烟不仅能提高老年人的生活质量，降低死亡率，还大大降低了老年人患心血管疾病以及肿瘤疾病的风险。[⑥] 一项来自荷兰的研究发现，良好的饮食习

---

① 薛新东，葛凯啸. 社会经济地位对我国老年人健康状况的影响——基于中国老年健康影响因素调查的实证分析 [J]. 人口与发展，2017，23 (02)：61-69.

② Benyamini, Y., Leventhal, E. A., Leventhal, H. Gender differences in processing information for making self-assessments of health [J]. Psychosomatic Medicine, 2000, 62：354-364.

③ 杜本峰，王旋. 老年人健康不平等的演化、区域差异与影响因素分析 [J]. 人口研究，2013，37 (05)：81-90.

④ 刘昌平，汪连杰. 社会经济地位对老年人健康状况的影响研究 [J]. 中国人口科学，2017，(05)：40-50，127.

⑤ Ricci, N. A. et al Influence of history of smoking on the physical capacity of older people [J]. Archives of Gerontology and Geriatrics, 2011, 52 (1)：79.

⑥ Costa, A. A., et al. Tobacco Control Multiprofessional Program：aspects related to long term abstinence [J]. Revista da SOCERJ, 2006, 19：397-403.

惯能够预防肥胖以及心血管疾病、糖尿病等相关疾病，因此低热量饮食是对抗肥胖的首要选择。[1] Hill 等人[2]通过记录 87 名老年人长期进行有氧训练的情况，并通过与不运动组老年人进行对比发现，长期锻炼会促进心脑血管的活力，还会延缓由年龄增长而产生的语言记忆功能的衰退。

从社会经济因素的影响来看，拥有养老保险、医疗保险、社会支持和经济条件更好的老年人其健康状况无疑会更好。黄枫和甘犁[3]认为医疗保险会提升居民的健康水平。封进和余央央[4]也认为拥有医疗保险会明显改善农村居民的健康状况。胡宏伟和李玉娇[5]认为家庭人均收入越高的老年人其自评健康状况越好，这可能是由于收入会使家庭整体的生活质量得到提升，老年人作为家庭成员所享受的各种福利也随之增加，因而健康状况更好。陶裕春和申昱[6]发现子女的经济支持、日常照料，会对农村老年人的身心健康起到积极作用。

（二）对老年人社会参与的影响

老年人社会参与会受到个体、环境、社会经济等因素的影响。

老年人的个体特征是决定老年人社会参与的内在因素和关键因素。有研究表明，男性老年人更倾向于参与经济活动，而女性老年人则更多地照顾子女家庭。[7] 也有研究表明，老年人的社会参与水平和性别没有相关

---

①　Van Baal, P. et al. Cost-effectiveness of a Low-Calorie Diet and Orlistat for Obese Persons: Modeling Long-Term Health Gains through Prevention of Obesity-Related Chronic Disease [J]. Value in Health, 2008, 11（7）: 1033-1040.

②　Hill, R. D., M. Storandt and M. Malley. The Impact of Long-term Exercise Training on Psychological Function in older Adults [J]. Journal of gerontology, 1993, 1: 12-17.

③　黄枫，甘犁. 过度需求还是有效需求？——老人健康与医疗保险的实证分析 [J]. 经济研究，2010, 45（06）: 105-119.

④　封进，余央央. 中国农村的收入差距与健康 [J]. 经济研究，2007,（01）: 79-88.

⑤　胡宏伟，李玉娇. 我国老年人自评健康状况及其影响因素研究——基于 ordered probit 模型的估计 [J]. 山西财经大学学报，2011, 33（02）: 1-8.

⑥　陶裕春，申昱. 社会支持对农村老年人身心健康的影响 [J]. 人口与经济，2014,（03）: 3-14.

⑦　刘燕，纪晓岚. 老年人社会参与影响因素的 Logistic 回归分析——基于 311 份个案访谈数据 [J]. 华东理工大学学报（社会科学版）.2014, 29（3）: 98-104.

性。[1] Lin[2] 认为随着年龄的增长老年人社会参与水平也会随之降低，但也有学者持有不同观点，Ponce 等[3]对智利老年人社会参与情况进行研究后发现，老年人社会参与的水平随着年龄的增加而增长，直至 80 岁开始下降。一项来自荷兰的研究表明，受教育程度越高的老年人社会参与水平也较高。[4] 同时 Lin[5] 还发现受教育程度高的老年人更倾向于参与娱乐性活动。婚姻状况也是影响老年人社会参与的重要因素，很多老年人尤其是女性老年人主动承担起照顾家庭成员以及生活不能自理的亲属的责任，这些照料活动实际上是出于老年人家庭的现实需求。[6] 同时还有研究表明，有配偶的老年人其参与经济活动的可能性更大，这是由于有配偶的老年人的经济负担更重。[7] 此外，还有研究表明独居或丧偶的老年人其社会参与的水平较低。[8]

环境因素是老年人参与社会活动的基础保障。在老年人居住地的周围（城镇是指街道，农村地区指乡的范围内）设立老年人活动场所是老年人参与社会活动的基础条件，同时老年人所在地有无活动设施和场所也反映了各地老年事业发展的状况与老年人社会参与的水平。[9] Dury 等的研究[10]

① Kanamori，S.，et al. Social participation and the prevention of functional disability in older Japanese：The JAGES Cohort Study ［J］. Plos One，2014，9（6）：e99638.

② Lin，W. A study on the factors influencing the community participation of older adults in China：based on the CHARLS 2011 data set ［J］. Health & Social Care in the Community，2017，25（3）：1160－1168.

③ Ponce，M. S.，Rosas R. P.，Lorca M. B. Social capital，social participation and life satisfaction among Chilean older adults. Revista De Saude Publica，2014，48（5）：739－749.

④ Curvers，N.，et al. Social participation among older adults（55＋）：results of a survey in the region of south Limburg in the Netherlands ［J］. Health & Social Care in the Community，2017，26（1）：e85－e93.

⑤ Lin，W. A study on the factors influencing the community participation of older adults in China：based on the CHARLS 2011 data set ［J］. Health & Social Care in the Community，2017，25（3）：1160－1168.

⑥ 邬沧萍，杜鹏. 老龄社会与和谐社会 ［M］. 北京：中国人口出版社，2012.

⑦ 李翌萱. 积极老龄化视域下中国老年人经济活动参与研究 ［J］. 兰州学刊，2016，（05）：156－163.

⑧ Lee，H. Y.，et al. The relationship between social participation and selfrated health by sex and age：a cross-sectional survey ［J］. International Journal of Nursing Studies，2008，45（7）：1042－1054.

⑨ 杨宗传. 中国老年人口参加老年活动研究 ［J］. 人口学刊，1995，（06）：21－25.

⑩ Dury，S.，et al. Municipality and Neighborhood Influences on Volunteering in Later Life ［J］. Journal of Applied Gerontology，2014，6：601－626.

表明包括邻里之间的关系以及社区服务在内的外在环境对老年人参与志愿活动有着重要影响。谢立黎[1]发现，包括设施和服务在内的社区宜居环境与老年人参与志愿活动有正相关关系。

而社会支持、经济条件等资源是老年人社会参与能够顺利实现的必不可少的条件。研究表明，当家庭成员共同进行社会参与时，老年人社会参与的意愿会更强烈，且收入高的老年人其社会参与的水平也会更高。在中国农村地区的老年人，很多都是迫于经济压力而不得已继续从事生产性劳动。[2] 杨华和项莹[3]也认同老年人的经济能力会直接影响老年人的社会参与机会和社会参与能力。

四　文献评述

从以往的研究中可以发现，国内外已有大量研究关注了社会参与对老年人口健康的影响，但关于老年人口健康影响社会参与的论证不充分。事实上，从已有研究可知这二者之间存在着相互影响的关系，如果忽略了这一点，会导致研究结果出现偏差，还有可能高估老年人社会参与对于健康状况的影响力度，更无法客观、全面、深入地探寻老年人口健康和社会参与这二者之间的真正关系，也就不能有针对性地提出有利于老年人身心健康的政策建议。

根据上文的论述可知，国内外已有研究对于老年人口健康和社会参与的关系已经做出了较为充分的论述。可以发现，老年人社会参与的健康结果通常是以某一个健康指标来反映的，自评健康虽然算得上是一个较为综合的指标，但由于其主观性较强，不能很好地反映老年人健康状况的综合水平。而在考察老年人口健康和社会参与的关系时，如果将反映老年人口健康状况的诸多指标逐一列出进行分析，未免过于重复和冗长。为此，本研究将分别构建能综合反映老年人身体健康和心理健康的指标。

① 谢立黎. 中国城市老年人社区志愿服务参与现状与影响因素研究 ［J］. 人口与发展，2017，23，（01）：55-65，73.
② 陈涛. 老年社会学 ［M］. 北京：中国社会出版社，2009.
③ 杨华，项莹. 浙江农村老年人社会参与影响因素研究 ［J］. 浙江社会科学，2014，（11）：147-152，160.

关于老年人社会参与，目前的研究主要集中于某一特定种类的社会参与对某一个健康指标所代表的老年人健康状况的影响。反映老年人口健康状况的指标包括自评健康、日常活动能力等与身体健康状况有关的指标，以及认知能力、抑郁情绪这些与心理健康状况相关的指标。代表社会参与的指标通常包括社会活动、社会联系、志愿活动、休闲娱乐活动等，具体情况详见表 2-1。

表 2-1　国内外有关老年健康和社会参与的研究中所用到的指标

项目	指标
老年健康	自评健康（self-rated health）；日常活动能力（activities of daily living）；身体功能（physical function）；认知能力（cognitive ability）；抑郁情绪（depression）；痴呆症（dementia）；记忆力（memory）；生活质量（quality of life）；死亡率（mortality）；患病率（morbidity）
社会参与	社会活动（social activities）；社会联系（social network）；社会互动（social interact）；社会资本（social capital）；社区参与（community engagement or community participation）；志愿服务活动（volunteering）；休闲娱乐活动（leisure activities）；身体锻炼（physical exercise）

除此之外还可以发现，以往的研究对于老年人的社会参与没有一个统一的衡量标准，更多地关注某一类社会参与或是将所有活动的参与频率进行简单地加总，而很少有研究关注老年人社会参与的类型或者模式。实际上老年人群体之间存在着明显的异质性，并非所有的老年人都会进行同样的社会参与，同样进行社会参与的老年人其产生的健康结果也不尽相同，而不同的社会参与类型又会对健康产生不同的影响，这些问题在国内的研究中都很少受到关注。

近些年，学者们开始认识到将社会参与进行分类的意义。确定社会参与类型的重要性在于：一方面，从整体上来看，社会参与会对老年人口个体的健康状况和生活质量产生影响，另一方面，各种各样的社会参与分别会对老年人口健康的结果有着不同的影响。[①] 国外已有一些研究对社会参

① Hooyman，N. R.，and Kiyak，H. A. Social gerontology：A multidisciplinary perspective［M］. Boston，MA：Allyn and Bacon，2002.

与进行分类后进而观察其对社会参与的影响。如 Croezen 等人[1]运用 SHARE 数据研究发现，老年人的社会参与和抑郁症有关联，但这种联系的方向和强度均取决于老年人社会参与的类型，很明显参与宗教组织对老年人心理健康的影响力远比其他形式的社会参与都要大。Morrow-Howell 等人[2]运用美国健康与退休调查（The Heahth and Retirement Survey，HRS）数据将老年人的社会参与类型分为 5 类，分别是低度参与型、中度参与型、高度参与型、经济类参与型以及体力活动参与型。Thomas[3] 运用增长混合模型研究了大约 16 年来美国老年人的社会参与情况，结果显示了 5 种不同的社会参与轨迹。Hong 等[4]将美国老年人的社会参与分为高、中、低三个层次。Lawton[5] 认为区分社会参与最好的方法就是根据社会活动各自的意义进行划分。而根据 Lawton 的这种分类方法，Aartsen 等人[6]将社会参与分为三种类型：①社会型社会参与，它具体来看又包括三个子类别，即社会互动、社会地位以及社会服务（如志愿者服务）；②体验型社会参与，它的特征是通过社会活动参与寻求内在的满足感，这种类型的社会参与包括那些能让人从中感到放松的活动，或者能让人从社会环境中解脱出来的活动；③发展型社会活动，包括智力活动和创造性活动，旨在帮助自己成为更好的自己或者有所改变。

　　国内关于老年人社会参与的研究较少且起步较晚，对社会参与进行分类的研究更是寥寥无几。而对老年人社会参与进行分类的研究，或是简单

① Croezen, S., et al. Social Participation and Depression in Old Age: A Fixed-Effects Analysis in 10 European Countries [J]. American Journal of Epidemiology, 2015, 2: 168-176.
② Morrow-Howell N., et al. An Investigation of Activity Profiles of Older Adults [J]. Journals of Gerontology, 2014, 5: 809.
③ Thomas, P. Trajectories of social engagement and limitations in late life [J]. Journal of Health and Social Behavior, 2011, 52 (4): 430-443.
④ Hong, S.I., Hasche, L., & Bowland, S. Structural relationships between social activities and longitudinal trajectories of depression among older adults [J]. The Gerontologist, 2009, 49 (1): 1-11.
⑤ Lawton, P.L. Meanings of activity [A]. J.R. Kelly. Staying involved in later life [C]. Newbury Park, CA: Sage, 1993: 25-41.
⑥ Aartsen M.J., et al. Activity in Older Adults: Cause or Consequence of Cognitive Functioning? A longitudinal Study on Everyday Activities and Cognitive Performance in Older Adults [J]. Journal of Gerontology: Psychological Sciences, 2002, 2: 153-162.

地将问卷中关于社会参与的每项活动作为一类，如温兴祥等①将 CHARLS 问卷中反映社会参与的 10 个变量分别作为一类，并分析每一类社会参与对农村中老年人精神健康的影响；或是根据各个反映社会参与的外显变量的特征进行人为归类，如张文娟和赵德宇②以城市中低龄老年人为研究对象，将老年人的社会参与划分为工作型、休闲娱乐型、社会型和家务型四种类型。以上两种针对社会参与的分类方法均是以变量为中心，即根据各个外显变量的特征对社会参与进行划分，这些方法的弊端在于并没有对拥有共同特征的老年人群体进行识别，即没有以"人"为中心对社会参与进行分类。

从已有研究所使用的数据上来看，大部分研究使用的多为一次性调查的截面数据，较少有针对全国范围内展开的大型调查数据，对于同一批人的纵向追踪调查就更少了，这可能由于追踪调查的难度较大且数据获取较为不易。目前国内已有的关于老年人的大型调查包括"中国城乡老年人生活状况抽样调查"（CLASS）、"中国老年人健康长寿影响因素调查"（CLHLS）以及本研究使用的"中国健康与养老追踪调查"（CHARLS）等，这三项调查均是以我国老年人口为调查对象的大型调查数据，其优点是信度和效度较高，能够较为真实地反映当今我国老年人的实际情况，但共同的局限就是并不是为研究社会参与而特别设计的问卷，因此问卷中涉及老年人社会参与的内容相对较少。

关于研究方法，国内大部分关于社会参与对老年人口健康影响的研究是对截面数据做多元回归，还有的做 Logistic 回归，为了解决内生性问题采用工具变量法，寻找合适的工具变量以代表老年人社会参与这个变量。而大部分的国内研究使用的是截面数据，因而无法观察老年人社会参与以及健康状况如何随着时间的变化而变化。国外关于老年人口健康和社会参与的研究则较多使用结构方程法、潜变量增长曲线模型、多水

---

① 温兴祥，文凤，叶林祥. 社会资本对农村中老年人精神健康的影响——基于 CHARLS 数据的实证研究［J］. 中国农村观察，2017，（04）：130-144.

② 张文娟，赵德宇. 城市中低龄老年人的社会参与模式研究［J］. 人口与发展，2015，（01）：78-88.

平模型以及事件史分析模型等用来观测老年人健康状况以及社会参与的变化，而这些模型很显然还并未被广泛用于对国内老年人口健康和社会参与的研究中。

第二节　相关概念

一　老年人口

老年人口的相关信息，是发展与老年人有关的福利设施如建立老年人活动中心、创办老年大学以及发展老龄产业的重要依据，因此在研究老年人口健康和社会参与的关系之前，有必要对老年人口的年龄界限做一个说明。老年人口的划分与人口的年龄结构密切相关，衡量人的年龄一般有日历年龄、生理年龄、心理年龄和社会年龄几种度量标准，衡量年龄的多维性决定了老年人的年龄界定也具有多维性。这里我们采用顾大男[1]对老年人年龄的界定标准，将老年人的界定分为主体界定和社会界定。主体界定即自己对自己是不是老年人的判断，是个较为主观的界定，一般分为意识到自己老了、感叹自己老了和承认自己老了三个阶段[2]，可以看出主体界定通常与老年人的心理年龄有很大联系。而社会界定又可以分为对个体的社会界定和对群体或人口的界定，我们的研究就基于对群体的社会界定。对个体的社会界定一般不常用，通常我们所说的社会界定是指对群体的社会界定，即以某一特定日历年龄为准，在该日历年龄以上的所有人都被统称为老年人。

瑞典学者桑德巴早（G. Sundbarg）在 1900 年从研究年龄结构出发，将老年人的年龄下限定为 50 岁。随着经济社会的发展，目前关于老年人的社会界定一般有两个标准，一般是以 65 岁为老年人起点年龄和以 60 岁为老年人年龄边界下限。前一种划分是 1956 年由联合国针对当时发达国家的情

[1] 顾大男. 老年人年龄界定和重新界定的思考 [J]. 中国人口科学，2000，(03): 42-51.
[2] 夏传玲. "老" 的主体界定 [A]. 冯贵山主编.《迈向 21 世纪老龄问题探讨》[C]. 中国文联出版公司，1997: 246-249.

况提出的，而大多数发达国家的老年人开始领取养老金的年龄和许多老年人社会经济政策的年龄也为 65 岁，由于当时的发展中国家还未出现人口老龄化的问题因此未被考虑进来。到了 20 世纪 80 年代初，老龄化问题在发展中国家也相继出现，为适应全球人口老龄化研究的需要，在 1982 年的世界老年问题大会上将 60 岁作为老年人年龄边界的下限。随着当今社会经济的快速发展，科技水平的提高以及医疗卫生条件的大大改善，各国对于老年人年龄起点的计算也各有不同。一般老年人年龄的社会界定需要考虑经济社会的发展、平均预期寿命、健康预期寿命等一系列因素①，详见图 2-1，因而不同国家和地区甚至不同时期对于老年人年龄界线的定义都是不同的。

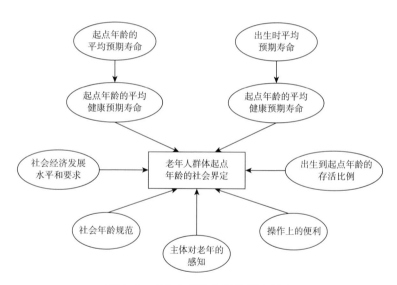

图 2-1　老年人群体年龄的影响因素

在国内，1964 年的全国老年学与老年医学学术研讨会上将 60 岁确定为老年期，在接下来的第二届会议上又建议把 65 岁作为老年期的年龄起点。在具体的应用上，我国的各类统计年鉴与统计资料如《中国人口和就业统计年鉴》②，国家统计局公布的年度人口数据和人口普查数据等，均将

---

① 顾大男. 老年人年龄界定和重新界定的思考［J］. 中国人口科学，2000，（03）：42-51.
② 该年鉴 2007 年更名前为《中国人口统计年鉴》。

人口年龄结构划分为三组：0~14 岁（少儿人口），15~64 岁（劳动年龄人口），65 岁及以上（老年人口）。2015 年的中国老年人权益保障法里也提到法律中的老年人是指 "60 周岁以上的公民"。[①]

因此，根据中国的国情以及当今的社会情况，本研究将 60 岁及以上的老年人作为研究对象，并在分析中进一步分为 3 组，分别是低龄老年人、中龄老年人和高龄老年人。低龄老年人即年龄在 60~69 岁的老年人，这部分老年人大多数健康状况尚可，头脑较为清楚，不但可以自理且有余力照顾帮助他人，往往这部分人参与社会活动或者再就业的欲望强烈。中龄老年人主要指的是年龄范围在 70~79 岁的老年人，这部分老年人一般身体状况开始出现下降，部分老年人可能已经丧失了自理能力、需要其他人的照顾和社会服务，但仍有部分老年人尤其是受教育水平较高的那些老年人能继续进行社会参与为社会做贡献。高龄老年人泛指年龄范围在 80 岁及以上的老年人，这个年龄段的老年人往往体弱多病，需要家庭和社会为他们提供经济、医疗以及生活上的帮助。因此，我们应重点开发低龄和中龄老年人的人力资源，积极鼓励其进行各式各样的社会参与活动，这对老年人自身以及社会发展均有大大的助益。

二 老年健康

健康是一个多维度的、较为综合的概念，同时也是衡量社会经济发展水平的重要指标。世界卫生组织对健康的定义为健康不仅仅是没有疾病和衰弱的状态，而是一种在身体上、精神上以及社会适应力上的完满状态。[②]此外，世界卫生组织[③]还定义了心理健康的个体要具备以下几种能力：可以意识到自己的幸福状态，能应对生活中的一般压力，能够高效且高产地进行工作并且可以为自己所在的社区或组织做出贡献。

根据上述概念，可以看到健康的测量方式也包括很多种，较为主观的

---

① 《中华人民共和国老年人权益保障法》（自 1996 年 10 月 1 日起施行）.

② WHO. World Health Organization Constitution. Basic Documents ［R］. WHO Geneva. 1948.

③ WHO. Strengthening Mental Health Promotion ［R］. World Health Organization Geneva. 2001. (Fact Sheet，NO. 220)

健康指标有自评健康、自报患病率等，还有一些相对较为客观的指标如日常活动能力等，此外 CHARLS 数据还提供了最为客观的指标如通过体检和血检得到的血压、血脂等数据。除了反映身体健康的指标之外，还有诸如认知能力、抑郁情绪等反映心理健康的指标。

　　根据健康的定义，目前主要有侧重于躯体健康的评定和综合评定两类评定方法。如 Katz[①] 最早提出用日常活动能力（Activity of Daily Living, ADL）作为健康状况的评价标准，主要对老年人客观的身体状况进行衡量。自评健康是衡量健康的主观的综合性指标，最早由 Suchman 等人提出，目前已经成为较为通用的测量健康的方法之一。[②] 还有较为综合的量表，如杜克大学医学中心创立的世界上首个评估老年健康功能的综合量表——老年人资源与服务评估量表 OARS（Older American Resourse and Services）[③]，包括了身体健康、心理健康、ADL、经济以及社会资源情况五个方面，较为全面地反映了老年人的健康状况以及卫生服务需求。此外，还有世界卫生组织在 2001 年颁布的《ICF 国际功能、残疾和健康分类》[④]，对健康的五个维度进行了描述和测量，是目前国外较为通用的框架。

　　以上评价方法均基于老年人健康的角度，近 20 年以来，为了弥补以往老化测量指标的缺陷，同时综合反映老年人的健康状况及老化情况，老年学、人口学界的国外学者们借鉴并使用了一个概念，这个概念传统上被用于研究个体在疾病和死亡方面的敏感性（Suscrptibility）差异——虚弱。[⑤]早在 20 世纪 80 年代，Woodhouse 等人就对老年人的健康和虚弱给出了如下定义。健康的老年人是指 65 岁以上依然能够独立居住；行动自由，没有

---

① Katz, S. et al. Studies of illness in the aged. The index of ADL: A standardized measure of biological and psychosocial function [J]. Journal of the American Medical Association, 1963, 185: 914-919.

② 许军. 自评健康及其应用研究 [J]. 中国社会医学杂志, 1998, (3): 105-108.

③ George Maddox PhD. Duke University Center for the Study of Aging and Human Development [J]. Gerontology&Geriatrics Education, 1993, 14 (1): 5-9.

④ 世界卫生组织. ICF 国际功能、残疾和健康分类 [M]. 世界卫生组织, 2001.

⑤ Yang, Y. and L. C. Lee. Dynamics and Heterogeneity in the Process of Human Frailty and Aging: Evidence from the US Older Adult Population [J]. The Journals of Gerontology Series B: Psychological Sciences and Social Sciences, 2010, 2: 246-255.

检查或化验出呼吸系统、肝、肾和新陈代谢方面的异常；无须经常服用医生处方药。而虚弱的老年人则是指日常生活方面需要别人的帮助；没有肝脏、肾脏、呼吸系统及新陈代谢方面的疾病，但如若进行体检可能在以上几个方面存在轻微异常；可能会需要经常接受医生的治疗。[①]

虚弱是人体机能老化的表现之一，在虚弱的基础上结合一系列指标构建出虚弱指数（Frailty Index），并以此来测量老年人的虚弱程度，反映老年人存在的健康风险。最初是由 Mitnitski 等人[②]提出了构建该指标的方法，指标内包含了反映人体健康特征的各个变量，包括 ADL、IADL、自评健康、心理健康以及患病情况等，通过这些变量反映出来的症状、异常或迹象来刻画个体机能的下降也就是虚弱程度。它并非局限于个体的某一个或者某几个特征的老化过程，而是将关注点主要放在随年龄增长而带来的健康缺陷（deficits）的累计数[③]，因此它是一个累积性指标。虚弱指数是反映人体虚弱程度的综合性指标，近年来在医学、病理学、人口学和老年学等学科的研究领域中受到越来越多的关注。在国际上经常被用于老年人健康以及虚弱变化速度的研究，用来刻画老化引起的虚弱程度的动态变化过程。本研究正是运用虚弱指数法来构建综合反映老年人健康状况的虚弱指数，并基于此做出进一步的研究和分析。

三 社会参与

社会参与是成功老龄化（successful aging）的关键指标，且与死亡率、生活质量以及认知能力等一系列健康指标有着密切的关系。而提高社会参与水平也是世界卫生组织应对人口老龄化问题的核心组成部分。[④] 关于社

---

① 曾宪新. 我国老年人口健康状况的综合分析 [J]. 人口与经济，2010，(05)：80-85.

② Mitnitski A. B., Mogilner A. J., Rockwood K. Accumulation of deficits as a proxy measure of aging [J]. Sci World J, 2001, 8 (1): 323-336.

③ Kulminski A., et al. Accumulation of Heath Disorders as a Systemic Measure of Aging: Findings from the NLTCS Data [J]. Mechanisms of Ageing and Development, 2006, 127: 840-848; Mitnitski A. B., et al. Relative Fitness and Frailty of Elderly Men and Women in Developed Countries and their Relationship with Mortality [J]. Journal of the American Geriatrics Society, 2005, 35: 2184-2189.

④ World Health Organization. Active Ageing: a Policy Framework [R]. 2002.

会参与的研究已经在老年学领域产生了丰硕的研究成果，但目前关于老年社会参与含义的界定，还没有形成统一的结论。

《ICF 国际功能、残疾和健康分类》中将社会参与定义为个体投入于生活环境之中执行一项任务或行动。[①] 同时列出了活动和参与的范围：①学习和应用知识；②进行日常事务；③运用语言或符号等进行交流；④搬运、移动或操纵物体，通过行走、跑步或攀登以及运用交通工具达到移动；⑤照顾自己的身体和健康；⑥做家务和完成日常的任务以及帮助他人；⑦人际交往和处理人际关系；⑧完成教育、工作、就业中所需的各种任务和活动；⑨参与家庭以外有组织的社会活动，包括社区、社会和公民生活所要求的活动。

（一）国外关于社会参与的界定

对社会参与较为宽泛的定义是个体参与社会活动，该社会活动涉及与他人的互动，如与朋友一起饮酒或者同家人共进晚餐等。[②] 在很多国外的研究中一些类似的概念经常与"社会参与"（social participation）混用，如社会联系（social capital）、社会网络（social network）、志愿服务（volunteering）、公民参与（civic engagement）、社区参与（community engagement or community participation）、正式社会参与（formal social participation）。对于社会参与的定义缺乏共识会导致在开发、选取和发展社会参与的工具变量时存在困难[③]，且研究结果难以进行比较。[④] 因此明确社会参与的内涵对相关学者选择适当的指标来衡量社会参与有很大帮助。本

① 世界卫生组织. ICF 国际功能、残疾和健康分类［M］. 世界卫生组织，2001.
② Levasseur, M., Richard, L., Gauvin, L., and Raymond, E. Inventory and analysis of definitions of social participation found in the aging literature: Proposed taxonomy of social activities［J］. Social Science & Medicine, 2010, 71: 2141-2149.
③ Levasseur, M., Desrosiers, J., and St-Cyr Tribble, D. Comparing the disability creation process and international classification of functioning, disability and health models［J］. Canadian Journal of Occupational Therapy, 2007, NO. 3Suppl: 233-242.
④ Field, M. J., & Jette, A. M. Definition and monitoring of disability［A］. M. J. Field, & A. M. Jette. The future of disability in America［C］. Washington, DC: The National Academies Press, 2007: 35-64.

文将已有国外研究涉及的社会参与的内涵归为以下几方面：社会联系、非正式社会参与和志愿服务活动。

1. 社会联系

社会联系（Social connections）被定义为与其他人的联系，包括亲密关系以及扩展范围。① 这些联系可以由它们的结构和功能来定义，结构包括数量和地理上的邻近，功能包括联系的频率和互惠性。一些研究还建议根据是否包含亲戚、朋友和邻居对社会联系进行分类。② 关于社会联系的其他定义还包括社会网络③、社会融合、社会嵌入④和人际关系等。社会联系通常是通过询问个人和他们有联系的人的数量，以及他们每个月面对面接触和电话联系的次数来衡量的。有一些研究则是通过询问个人是否存在知己、自己和孩子们的关系以及遇到困难向谁求助来衡量社会联系的。定期的社会交往和参与不同类型的社会关系对健康有积极的影响。⑤ Lubben 社会网络量表（Lubben Social Network Scale，LSNS）是评估老年人社会联系的一种常用工具。⑥ 该量表有三个版本，用于综合评估与家庭、朋友和邻居联系的质量和频率。

2. 非正式社会参与

非正式社会参与（Informal social participation）包括人们为了个人享乐而与其他人一起参与的活动。它被定义为参与社会活动和与他人的交往。

① Zunzunegui, M., Alvarado B. E., Del Ser T., Otero A. Social networks, social integration, and social engagement determine cognitive decline in community-dwelling Spanish older adults [J]. J Gerontol B Psychol Sci Soc Sci, 2003, 58: S93-100.

② Lubben, J., Gironda M. W. Measuring social networks and assessing their benefits [A]. Phillipson, C., Allan, G., Morgan, D. Social networks and social exclusion [C]. Aldershot: Ashgate, 2003: 20-49.

③ Crooks, V. C., et al. Social network, cognitive function, and dementia incidence among elderly women [J]. Am J Public Health, 2008, 98: 1221-1227.

④ Momtaz, Y. A., et al. Social embeddedness as a mechanism for linking social cohesion to well-being among older adults: moderating effect of gender [J]. Clin Interv Aging, 2014, 201: 863-870.

⑤ Chang, P. J., Wray L., Lin Y. Social relationships, leisure activity, and health in older adults [J]. Health Psychol, 2014, 33: 516-523.

⑥ Lubben, J., et al. Performance of an abbreviated version of the Lubben Social Network Scale among three European community-dwelling older adult populations [J]. Gerontologist, 2006, 46: 503-513.

其他定义强调了个人利用社会互动来获取利益的能力，[①] 从这方面来看社会参与也被称为社会交往（Social engagement）。[②] 非正式社会参与的一个典型衡量标准是询问个人参加了多少项社会活动，或者询问他们是哪些社区组织的成员。还有的研究将社会联系和非正式社会参与一起作为衡量社会参与的方法。[③]

3. 志愿服务活动

志愿服务活动（Volunteering）包括人们无偿承担义务而从事的活动，[④] 它被定义为有具体的名称和明确的目的，且在社区组织范围内的活动，[⑤]这种行为也被称为公民参与或是正式的社会参与。志愿服务活动一般是通过询问老年人参加志愿者组织的数量或是以在一定时间内在志愿者角色上投入了多少时间来衡量。[⑥]这些问题通常与前文描述的非正式社会参与等活动结合起来作为一种综合的测度。例如，CHARLS问卷中参与志愿者活动或者慈善活动仅作为"您过去一个月是否进行了下列社交活动"十个选项之一的活动。

此外，Levasseur等[⑦]根据个体与他人的互动程度以及社会参与的目的将社会参与划分为6个层次，详细划分情况如图2-2所示。从图中社会参与的不同等级或维度可以看出，第一层次的活动包括个人单独进行的，为了与他人进行互动的所有的日常活动。这一个层面上的活动可以是最基本

---

① Lou，V. W.，et al. Trajectories of social engagement and depressive symptoms among long-term care facility residents in Hong Kong ［J］. Age Ageing，2013，42：215-222.

② Jang，Y.，et al. Social engagement in older residents of assisted living facilities ［J］. Aging Ment Health，2014，18：642-647.

③ Bassuk，S. S.，Glass T. A.，Berkman L. F. Social disengagement and incident cognitive decline in community dwelling elderly persons ［J］. Ann Intern Med，1999，131：165-173.

④ Gottlieb，B. H.，Gillespie A. A. Volunteerism，health，and civic engagement among older adults ［J］. Can J Aging，2008，27：399-406.

⑤ Young，F. W.，Glasgow N. Voluntary social participation and health ［J］. Res Aging，1998，20：339-362.

⑥ Toppe C. Measuring volunteering：a behavioral approach. Washington，DC：The Centre for Information & Research on Civic Learning & Engagement，2005.

⑦ Levasseur，M. et al. Inventory and analysis of definitions of social participation found in the aging literature：Proposed taxonomy of social activities ［J］. Social science & medicine，2010，12：2141-2149.

的活动，仅为了满足生存的需要，比如吃饭、穿衣等，也可以是更复杂的活动比如准备膳食这种日常活动或工具性日常活动。还有像看电视、听收音机这种不涉及与其他人交往的单独活动也包括在这一层级中，当一个人在看电视或听收音机的时候，会被告知社会上发生了什么新鲜事，这是与他人开始交谈的常见方式，与其他层次不同的是，这个层次活动的特点是独自在家进行的，且以个人最基本的需求为导向。

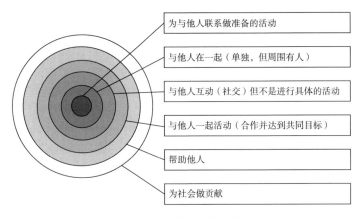

为与他人联系做准备的活动

与他人在一起（单独，但周围有人）

与他人互动（社交）但不是进行具体的活动

与他人一起活动（合作并达到共同目标）

帮助他人

为社会做贡献

图 2-2 社会参与的层次

第二个层次的活动包括不和他人直接接触，但有其他人在周围的活动。例如一个人走出家门在社区散步。科技的发展使无接触活动变成可能：人们可以在网上购物，独自去影院看电影，在手机银行或网上银行进行金融交易或者在无人超市购物，等等。第三个层次，个体亲自或通过互联网与他人进行社会接触，但不是有意与他人进行特定的活动。例如，一个人在购物时为了找到自己想买的物品或者付款时与他人的互动行为。到了第四个层次，个体为了达到一个共同的目标而与他人合作完成一项活动。大部分的娱乐活动都属于这一层级，例如打网球、羽毛球等。第五个层次的社会参与包括通过个人或者加入组织对他人进行帮助的活动，例如照料他人或者充当志愿者。第六个层次的社会参与是指通过参与政党或者正式的组织从而为社会做出更大的贡献，如公民活动等。与上一层次的社会参与相比，这个层次的社会参与很少由某个人单独完成，虽没有想要帮

助特定的个体或群体，但通常会使很多人受益，且会与社区和社会发生
互动。

（二）国内关于社会参与的界定

目前国内理论界对社会参与没有统一的看法，主要集中在对社会参与
范围和广度的讨论。我国关于社会参与的研究基本上是以"老有所为"的
概念提出和发展的。因此，广义上的社会参与涉及的社会参与形式和内容
多种多样，包括以老年人再就业为主的经济性活动、以娱乐为主的社会文
化活动、以扩大社会网络为目的的人际交往活动、以实现自我价值为目的
的公益和志愿者活动，以及家务劳动。

一些学者从经济社会发展的角度出发，认为社会参与应当包括物质文
明和精神文明建设，因而社会参与的内容应涉及政治、经济、社会和文化
等各个领域。如邬沧萍教授等[①]将"老有所为"定义为"老年人自愿参与
社会发展，并为社会所做的力所能及的有益贡献"。邬沧萍等[②]从广泛的意
义出发，认为老年人只要是与社会保持联系均可算作社会参与。杨宗传[③]
认为社会参与应该包括一切有益于社会的各种活动，并将这些活动分为5
个方面3个层次，5个方面包括了经济社会发展、文化活动、家务劳动、
人际交往及旅游活动和家庭范围内的文化娱乐活动，第一方面的社会参与
为第一个层次，这个层次的社会参与只有那些身体健康状况较好的老年人
才能参加，约有一半的老年人能够参与该项活动；第二、三、四方面的社
会参与属于第二层次，大部分的老年人只要不是完全不能自理的基本都可
以参与；第三层次的社会参与包括第五个方面的社会参与即家庭范围内的
文化娱乐活动，这个层次的社会参与一般老年人都能参加，但只有极少数
健康状况很差的老年人只参与这一项社会活动。林子利[④]完全认同这个概

①　邬沧萍，王高．论"老有所为"问题及其研究方法 [J]．老龄问题研究，1991，（6）．
②　邬沧萍主编．社会老年学 [M]．中国人民大学出版社，1999．
③　杨宗传．再论老年人口的社会参与 [J]．武汉大学学报（人文社会科学版），2000，
　　（01）：61-65．
④　林子利．增强老年人社会参与意识的思考 [J]．发展研究，2002，（12）：61-62．

念。范明林和张钟汝①认为，从广义上说无论老年人的社会参与是以何种形式，只要与社会产生联系都称为社会参与，而从狭义上来看，老年人社会参与是指老年人为社会发展创造价值，包括老年人再就业等。李宗华②认为，社会参与指在社会互动过程中，在机会均等的基础上，老年人参与的一切有利于社会发展的各项活动，既包括有报酬的社会劳动，也包括无报酬的志愿者活动、家务劳动以及各项娱乐活动等。

还有一些学者在界定社会参与时强调了老年人自己的主观意愿。刘颂认为社会参与的指向是社会，强调的是老年人能够根据自己的主观意愿和自身的能力选择社会参与，可以是有报酬的工作，也可以是无报酬的工作，还可以是参与民间社团、老年大学等活动。韩青松③也认同这一观点。张恺悌等④认为社会参与是指个体在社会互动的过程中，通过社会活动或劳动的形式，实现自身价值的一种行为模式。有三个核心要素分别是：社会互动、社会劳动和社会活动、自身价值。王莉莉⑤也认同这个概念。

根据以上国内外学者对于社会参与内涵的界定，本研究对社会参与的界定是：老年人根据自身的实际情况和主观意愿，选择某种形式与社会进行互动和联系，可以是有偿的也可以是无偿的，并在参与过程中实现了自我价值。

第三节　相关理论回顾

对于老年人身体和心理健康变化的了解，有助于解释老年人在社

---

① 范明林，张钟汝. 老年社会工作 [M]. 上海：上海大学出版社，2005.

② 李宗华. 老年人社会参与的理论基础及路径选择 [J]. 山东省农业管理干部学院学报，2009，25（04）：92-94.

③ 韩青松. 老年社会参与的现状、问题及对策 [J]. 南京人口管理干部学院学报，2007，（04）：41-44.

④ 张恺悌主编. 中国城乡老年人社会活动和精神心理状况研究 [M]. 北京：中国社会出版社，2009.

⑤ 王莉莉. 中国老年人社会参与的理论、实证与政策研究综述 [J]. 人口与发展，2011，17（03）：35-43.

会生活上的变化以及行为上的差异。老年社会学的诸多理论就是从社会学的理论视角出发，对个体老化的原因、过程和影响因素进行阐述，旨在总结个体老化的社会学原因及规律，这也为研究老年人口健康和社会参与的关系提供了丰富的理论基础。本研究重点对以下几种理论进行介绍。

一　脱离理论

作为老年学家提出的第一个主要的理论，脱离理论（Disengagement Theory）又被称为疏离理论或撤退理论，最早是由美国学者卡明（E. Cumming）和亨利（W. E. Henry）在1961年出版的《年事日增》（*Growing Old*）的书中提出的。该理论认为为了使社会能够更好地运行，人进入老年期应该逐渐退出重要的角色，这样一来，一旦他们死亡便不会影响社会的正常运行，同时脱离的过程是无法避免的，虽然脱离过程发生的时间会因为个体健康和个性等的差异而不同，但最终都会完成。

脱离理论主要有以下几个观点。第一，脱离不是突发性的，而是一个逐渐完成的过程，即一系列事件结果的累积。随着年龄的增长，老年人各种社会角色的数量和强度都会逐渐下降，例如工作中的领导角色、社会组织中的职务等都会随着年龄增长而逐渐减少。第二，脱离是无法避免的，它是社会结构的组成部分，因而所有人都必然会经历脱离社会的过程，它是我们生命历程的一部分。第三，脱离对于个人和社会来说都是有利的，是互相满足的。从社会功能角度来看，如果老年人突然离世，那么原本属于他的社会角色和社会责任需要立刻由另一位年轻人接替，而这位年轻人如果是未经训练的、准备不足的，那么对社会来说是不利的。因此，老年人的逐渐脱离有利于社会的良性运行。对老年人个体来说，随着年龄的增大，繁重的社会角色会造成老年人的心理负担，而老年人从社会角色的要求、负担以及心理压力中解脱出来，会使其感到愉悦。第四，按照脱离理论的说法，脱离是一种社会规范，当今社会对老年人的强制性退休制度也已经证明了此观点。

脱离理论在一定程度上解释了为何有些老年人进行社会参与却给健康

带来了负面影响，为解释老年人个体间的异质性提供了理论依据。但是，脱离理论并未看到老年人退出社会带来的弊端，研究表明，有工作、有朋友的老年人其身心健康状况都要更好，社会活动和社会地位的转变会引发老年人身体和心理方面的一系列问题，如不能妥善处理则会成为一种危机。

二　活动理论

活动理论（Activity Theory）被认为是老年学领域中一个被人最为熟知的理论，该理论源于一位名为哈维格斯特（R. J. Havighurst）的美国学者所做的一项针对美国堪萨斯市 300 名 50~90 岁的中产阶级白人的 6 年的定期谈话，该项研究成果已被发表于《老年人》（Old People）一书中。

活动理论认为，人的生活满意度与社会活动紧密相联，这与所处的年龄层次无关，因而老年人群体依然需要参与社会活动，保持中年时期的社会角色和生活节奏，这能帮助他们更好地适应老年生活。而尽可能多地参加各种社会活动，能帮助老年人改善因以往社会角色的丧失而带来的情绪低落等负面情绪，重新找到新的社会角色和自身价值，进而提升其生活满意度和生活质量，充分保证老年人在身体、心理和社会等层面的活力和积极性。总体来说，活动理论的核心观点为老年人应当积极地参与社会活动，只有这样才能使老年人重新认识自我，进而保持生命的活力。

可以看出，活动理论强调了社会活动对老年人身心健康的重要意义，主张老年人通过参与社会找到新的角色进而重新认识自我，这与我国强调参与、活动和社会认同的社会价值体系不谋而合。而被长期沿用的"老有所为"理论更被看作活动理论的延伸和升华，除此之外，"六十而立""开创人生第二个春天"等均可以视为活动理论在中国的具体应用。

活动理论显然得到了许多实证研究的支持，但同时也存在着不足之处。那就是活动理论并没有考虑个体差异的影响，即老年人的个人特征是决定老年人参与社会活动的内在因素。具体来看，不同的健康状况、家庭背景、经济条件和性格的老年人表现出来的参与社会活动的意愿均不相同。与不健康的老年人相比，健康的老年人在参与社会活动的程度、种类和范围等方面无疑会更强。而家庭背景的差异则决定了老年人的时间和精力分配，进而决定其进行社会参与的可行性，例如现实社会中核心家庭和"四二一"结构家庭的增多，意味着许多老年人在退休后仍需承担起照顾孙子女或是生活不能完全自理的亲属的义务，这使他们没有多余的精力去参与社会活动。而许多经济状况较差的老年人，尤其是农村老年人迫于生计继续从事体力劳动，也有许多老年人虽然有多余的时间和精力，且有发挥余热的意愿，但苦于没有信息来源和渠道，缺乏相应的支持而错失参与社会活动的机会。此外，老年人的性格也是不容忽视的因素之一，有些老年人喜静不喜动，非常喜欢家里的悠然娴静，如果违反其意愿硬要其参与社会活动，那么相信会适得其反。

三　连续性理论

连续性理论（Continuity Theory）是由美国学者理查德（S. Reichard）、利夫森（F. Livson）和皮特森（P. G. Peterson）在对 87 位 55～84 岁老年人的调试状况进行调查分析后提出的。该理论的出现恰好弥补了活动理论的不足，重点解释了老年人个体的异质性，认为老年人晚年的生活方式是由其中年的生活方式决定和影响的。这个观点强调了生活方式的延续和一致性，对老年人的幸福感和生活质量有着至关重要的作用。

连续性理论从生命周期的角度出发，以研究人的个性为基础，将人的老化过程放到整个生命周期中来观察，显然它不是独立存在的，人的老化是连续性的发展结果。由于每个人的个性不同，因而适应环境的方式也不同，这也就意味着每一个个体都以独特的方式来适应环境，直至衰老，而个体的老化也正是每个人适应发展状况的结果，过程不同，结果也就因人而异。因此，从连续性理论来看，如果一个人在青年和中年时期均以积极的态度参与各种社会活动，那么这个人到了老年期也会热衷于社会活动的参与；相反，如果这个人在年轻的时候便不喜好参与社会活动和社会组织，那么此人进入老年阶段突然转变性格积极参与社会活动的概率便会很小。因此，连续性理论认为，如果一个人在进入老年期仍然能保持其在中年时的行为方式，那么他晚年会有较高的生活质量。因此，没有统一的标准规定每个人必须怎样，老年人需要根据自身的性格特征来找到符合自己实际情况的标准，这样才能提高老年人的幸福感。

连续性理论弥补了前两种理论的不足，强调了个体的差异性对社会活动参与决策的影响以及不同个体社会参与对幸福感影响的差异；与此同时，连续性理论本身也存在一定的缺陷，即该理论忽视了个性也不是一成不变的，是发展的，而个性的发展会受到健康状况、经济水平以及社会环境等因素的影响。如果只孤立地强调老年人个体的异质性而忽略了整个周围环境的变化，那么这种考虑也是不全面的，为此研究在分析个体差异时还会加入环境、社会经济等因素的影响。

四 角色理论

角色理论（Role Theory）是典型的社会学理论之一，其发展受到了符号互动论和结构功能论等理论的影响。角色理论将人生看作一个舞台，随着舞台场景的不断变化，所扮演的角色也会相应地发生改变。就像人在不同时期拥有不同的社会角色，在少儿时期的角色是学生，而随着年龄的增长，角色也随之改变，会为人父母、为人领导，再往后会成为祖父母等，而到了老年期会丧失以往的一些角色，还会获得一些新的角色。可以发现，这些角色具有一些共同特征，即这些角色是连续性排列的，都是按照年龄的顺序依次排列且和人的某个生命阶段相对应的，正如俗语所说的"在什么年龄就干什么事"。

因此，随着年龄的增大即人的老化，人们所扮演的社会角色也会随之发生改变，主要包括以下几种。首先，从职业角色到闲暇角色的转变，有一部分老年人会因为这种角色的转变而产生诸如孤独感、挫败感等一系列心理上的不适感。而此时老年人需要做的就是尽快适应并扮演好退休之后的新角色，而参加各种社会活动无疑是尽快适应新角色的好方法。其次，就家庭生活而言老年人的角色从主导角色变为依赖角色，顾名思义，在退休前父母无论是从经济能力还是社会关系方面在家庭里均处于优势地位，因此子女会更多地依赖于父母的帮助。而在父母退休后，随着身体的不断衰老，其渐渐从家庭的主导角色变为依赖角色，需要子女的照料。而在许多传统的家庭，父母年迈后仍然有对子女的掌控欲，依然希望子女像小时候一样服从自己、依赖自己，这将会对老年人的角色演变和认识新角色产生一定的阻碍作用。最后，由于社会关系的不断缩小，老年人的角色会呈现单一的趋势。老年人从社会中退出，会使其丧失以前所扮演的社会角色，加之退休后社会活动参与的减少，老年人的社会角色呈现单一化。

可以看出，正确认识自己角色的转换以及调整好心态和行为以尽快适应新角色是老年人适应衰老的关键。如果老年人能感受到周围环境的变化并相应地做出角色的调整以适应周围的新环境，即从以前中年的角色转换到新的老年期的角色，或者积极寻找适合其的新的社会角色，那么他会很快适应衰老后的生活，也就是成功地老龄化。反之，如若老年人无法适应其老年生活，那么很大一部分原因是他没有适应角色的转换。

五 老年亚文化群理论

老年亚文化群理论认为老年人群体具有某些共有的特征，且数量占比越来越大，则必然会形成与青年和中年人区分开来的一种特殊文化，也就是老年亚文化。而任何一个领域成员之间的交往一旦超出与其他领域成员的交往，就会形成亚文化群（Subculture Group）。

而老年亚文化群的形成主要受到以下几个因素的影响。首先，要想形成一个亚文化群需要具备一定数量的人口，也就是说老年人这一群体要在总人口中达到相当的比例才具备形成亚文化群的条件，老年人口数量不足或是过于分散，则不利于其从行为、观念等各方面形成一个统一的群体。其次，受到法定退休制度等客观条件的影响，社会针对老年人群提供的各种活动场所、服务设施等更便于老年人聚集到一起，参与各种社会活动，加强了他们之间的联系。最后，受到主观因素的影响，老年人聚到一起会有很多天然的共同话题，如他们会关注健康状况，分享一些医疗信息，或者聊一聊子女和孙子女的照料情况，这使他们之间的交往会比和其他社会成员更为亲密。在西方国家，随着老年人亚文化群体的不断壮大，并面临着经济地位低、就业机会不平等等一系列的问题，一些老年组织应运而生，如美国的退休协会，它为老年人群体谋求更高的社会地位及福利。

但该理论不具有普遍性，即不是所有的老年人都适用于老年亚文化群理论。老年人是多样的、有差异的，因而很多老年人会由于财富、地位和权力等因素被排除在老年亚文化群体之外。老年亚文化群理论帮助我们更好地了解老年人群体的多样性，为社会参与通过生活方式影响老年健康提供了理论依据。

六 现代化理论

现代化一词在狭义上是指从传统的农业社会向现代的工业化社会转变的进程，在广义上是指一切以经济发展为基础的社会变革过程，包括经济的增长、文化和政治的发展、国际关系的变化等。伯吉斯（Ernest Burgess）1960 年在其著作《西方社会的老龄化》（*Aging in Western Society*）中提出了现代化理论（Modernization Theory），这一理论解释了现代化对老年人地位的影响。该理论认为，随着社会由农业社会向工业社会的转变，家庭结构也随之收缩，进而削弱了老年人在传统家庭中的决策地位。在现代化的社会中，工业化程度和老年人的地位是负相关的。唐纳德（Cowgill O. Donald）在 20 世纪 70 年代对该理论进行了拓展，他认为现代化带来了医疗技术的进步，这意味着人均寿命的延长，进而导致了老年人比例增大，同时代际竞争压力使老年人不得不退休，而退休就使老年人失去了工作，导致老年人在现代社会中的地位降低。

从唐纳德的观点中可以看出，现代化进程与人口老龄化之间的密切关系体现在以下两方面。一方面，现代化进程会使老年人口数量增加进而呈现人口老龄化。人口老龄化本身就是工业化的产物，是人类社会发展到一定阶段后才会出现的现象。工业化促进生产力大大提高的同时使人口死亡率迅速下降，预期寿命不断延长，从而动摇了高出生率的社会基础，使人们的生育意愿降低。另一方面，现代化会使老年人在现代社会地位的下降。技术的进步致使以往在农业社会备受尊崇的经验和熟练的技能变得没那么有价值，而老年人接受新知识、掌握新技能的能力较差，加之已有知识的过时，导致老年人在社会中的地位下降。而只有老年人及时地提高自身适应能力，积极尝试转换角色才能适应现代化带来的改变。

总体来说，脱离理论、活动理论、连续性理论和角色理论属于微观的社会学理论，是从老年人个体社会生活的角度出发，通过对老年人身体、心理和社会因素的关注来解释老年人社会生活上产生的变化，以及老年人如何适应周围环境变化的问题。老年亚文化群理论作为中观理论，更多地考虑老年人作为一个群体所经历的社会生活的变化以及如何更好地去适应。而现代化理论则是从宏观理论入手来分析在老龄化的背景下，老年人之于整个社会的意义，以及我们应如何看待老龄化社会。以上几种理论为本书研究老年人口健康和社会参与的关系提供了理论依据。

第四节　理论框架

积极老龄化作为应对 21 世纪人口老龄化的发展战略被提出，健康、参与和保障是这一发展战略政策框架的三要素，这三者之间相互促进的同时又相互制约，从而形成一个循环体系。而本研究所关注的健康和社会参与的关系正是使这个循环能够成为相互促进的良性循环的关键。积极老龄化框架认为，决定积极老龄化的因素有很多种，诸如个人因素、环境因素、行为因素、健康和服务因素、经济决定因素和社会决定因素。[①]

本研究在参考 Morrow-Howell 等人[②]和谢立黎、汪斌[③]构建的社会参与影响因素分析框架的基础上，结合中国实际情况构建了分析框架，具体如图 2-3 所示。可以看出，健康可能是社会参与的先决条件，同时也有可能

---

① WHO. Active Aging：A Policy Framework［R］. 2002.

② Morrow-Howell，N.，et al. An Investigation of Activity Profiles of Older Adults［J］. Journals of Gerontology，2014，5：809.

③ 谢立黎，汪斌 . 积极老龄化视野下中国老年人社会参与模式及影响因素［J］. 人口研究，2019，43（03）：17-30.

是老年人社会参与的结果，二者之间可能存在着相互影响的关系。此外，根据文献回顾可知，影响健康的因素除了社会参与以外，还包括性别、年龄、受教育程度、婚姻状况、退休状况等个人因素，城乡类型和活动场所等环境因素，吸烟、饮酒、体力活动等行为因素，以及包括养老保险、照料支持和存款情况在内的社会经济因素。

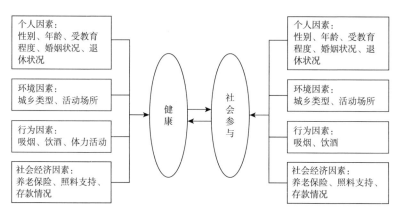

图 2-3　老年人口健康和社会参与相关关系的分析框架

　　社会参与的影响因素除了健康之外，还包含着个人因素、环境因素、行为因素和社会经济因素。老年人的个体特征是决定老年人社会参与的内在和关键因素。而社会支持、经济条件等资源是老年人社会参与能够顺利实现的必不可少的条件。环境因素则是老年人参与社会活动的基础保障。同时考虑到中国老年人参与社会活动的主要地点为社区，而在老年人居住地的周围（城镇是指街道，农村地区指乡的范围内）设立老年人活动场所是老年人参与社会活动的基础条件，因此将老年人所在地有无活动设施和场所作为社区环境因素纳入分析框架以反映各地老年事业发展的现实状况以及老年人社会参与的水平。

　　根据上述分析框架并结合已有文献和理论，本研究将在综合考虑个体特征、环境、行为方式和社会经济因素的影响下重点考察老年人口健康和社会参与之间的相关关系，以及二者关系的大小和方向。

第三章 研究数据和方法

第一节 数据来源

"中国健康与养老追踪调查"（China Health and Retirement Logitudinal Study，CHARLS）是由北京大学国家发展研究院主持的、北京大学中国社会科学调查中心执行的一项大型的长期追踪调查项目。该调查首先在 2008 年对甘肃、浙江两省进行了基线预调查，并在 2012 年成功地进行了追踪访问，追访成功率高达 94%。以预调查为基础，于 2011 年开展全国基线调查。这是一次具有全国代表性的随机抽样调查，样本包括了 28 个省区的 150 个县级单位 450 个村级单位 10256 户适龄家户中的一个至少年龄满 45 岁的人，包括其配偶共 17708 个样本。在 2013 年展开了对全国基线样本常规调查的第一次追踪访问，追踪访问成功率达到 88%。2015 年夏天开展了第二次全国基线样本常规调查的追踪访问，共计完成 11797 户涉及 20284 人的访问，追访成功率达到 87%。

整个项目无论是抽样还是问卷，均结合了中国自身的实际情况，专门为应对我国人口老龄化的挑战而设计，同时参考并结合了国际上知名的老龄化相关的调查经验，如英国老年人追踪调查（English Longitudinal Study of Aging，ELSA）、美国健康与退休调查（The Health and Retirement Study，HRS）以及欧洲健康、老龄化与退休调查（Survey of Health，Aging and Retirement in Europe，SHARE）等，因此该调查数据还可以进行国际对比。

在研究老年人口健康和社会参与类型的关系时使用的是 CHARLS 2015 年的截面数据。在剔除了关键变量上有缺失的样本之后，2015 年截面数据包含 60 岁及以上的老年人口 5817 位。在研究老年人口健康和社会参与频率的关系时使用的是 2011~2015 年的纵向数据，其中包含了三个调查时点的数据，以 2011 年即基期 60 岁及以上的老年人口数据为基准，通过能唯一识别个体身份的 ID 变量分别将 2013 年、2015 年的数据与基期数据进行合并，得到三个时期均参与调查的 60 岁及以上老年人口共 3373 位。

第二节　变量选取与描述

一　社会参与变量

本章所关注的核心变量为社会参与，CHARLS 调查虽然不是针对社会参与而专门设计的调查问卷，但其中就多项社会活动的参与情况进行了访问和信息收集，其调查数据是目前我国关于老年人群体社会参与情况较为有代表性的数据。老年人口的社会参与在 CHARLS 问卷中由 10 项社会活动的参与情况来衡量，这 10 项活动分别是：①与邻居或朋友交往；②去社区活动室参加打麻将、下棋、打牌等活动；③向不住在一起的亲友或者邻居提供帮助；④跳舞、健身、练气功等；⑤参加社团组织的活动；⑥志愿或慈善活动；⑦照料病残；⑧上学或参加培训；⑨炒股；⑩上网。根据本研究对社会参与的定义，第⑨和第⑩两项活动不涉及与人交流，即没有社会互动，因此本研究没有将这两项纳入社会参与的范围内。所有受访者都会被逐一询问"在过去一个月中，您是否参与了所列出的社会活动"，对于每项活动，参与了赋值为 1，没有参与赋值为 0，根据所有老年人对 8 项活动的参与情况运用潜在类别分析对其参与类型进行划分，具体方法详见第三节第一部分。

二　健康变量

健康状况不仅包含生理健康，而且包括心理、认知等各个方面。关于健康的测量方式也有很多种，既有相对主观的健康指标，例如自评健康、自报慢性病患病率、抑郁情绪等，又有诸如日常活动能力、认知功能等较为客观的健康指标，其至还包括手握力、血压、血脂这种极为客观的体检指标。CHARLS 在以上各个维度均收集了相应的信息，这为研究我国老年人的健康状况提供了较为全面的、具有代表性的调查数据。本研究使用的用来构造老年人身体和心理虚弱指数的健康变量主要包括以下几种。

自评健康。自评健康是受访老年人根据自己对自身健康状况的感知而做出的综合性判断，通常被用来反映一个人整体的健康水平，但是一个较为主观的指标。在 CHARLS 问卷中，自评健康通过询问被访老年人"您觉得您的健康状况怎么样?"来反映，选项分五个等级"极好、很好、好、一般、不好"和"很好、好、一般、不好、很不好"——这两种分类方法在健康状况和功能部分的开头和结尾处各出现一次，本研究选取第二种分类方法。

日常活动能力（ADL）是评价老年人生理健康的一个重要指标，日常活动能力直接影响着老年人晚年的生活质量。CHARLS 问卷中通过询问受访者是否在以下行为方面遇到了困难：6 项日常活动，即吃饭、穿衣、洗澡、上下床、上厕所和控制大小便，以及 6 项工具性日常活动（IADL），即做饭、做家务、购物、管钱、吃药和打电话。除此之外，CHARLS 问卷中还包含了 9 项关于身体功能的活动，即慢跑 1 公里、走 1 公里、走 100米、久坐起立、连续爬楼、弯腰屈膝或下蹲、手臂向上伸展、提 10 斤重物以及从桌上拿起硬币。以上问题的选项分为：没有困难、有困难但可完成、有困难需帮助、无法完成四个等级。

慢性病患病情况。随着经济社会的快速发展以及人们生活方式的转变，慢性病的发病率逐渐提高，且慢性病本身有长期性，且通常会伴随许多并发症产生，因而给老年人及老年人家庭带来了沉重的负担，严重地降低了老年人的生活品质。CHARLS 问卷中要求受访老年人自报是否患有以下医生诊断的慢性病：高血压、血脂异常、糖尿病、癌症等恶性肿瘤、慢性肺部疾病、肝脏疾病、心脏病、中风、肾脏疾病、胃部或消化系统疾病、情感或精神方面疾病、与记忆有关的疾病、关节炎或风湿病和哮喘。

视力和听力状况。CHARLS 问卷调查通过分别询问受访者看远处或近处的东西怎么样、听力如何来了解受访者的视力及听力情况（经常戴眼镜的老年人为矫正后视力，经常戴助听器的老年人为戴助听器辅助后的听力)，选项均分为五个等级"极好、很好、好、一般、不好"。

自报疼痛率。老年人疼痛的根源往往是许多疾病产生的并发症，而疼痛不仅会使老年人的身心遭受巨大的痛苦，还会对老年人家庭的生活质量产生负面影响。据统计，在全球有大约40%的成年人自称在过去一年内患有慢性疼痛。[①] CHARLS问卷通过询问受访老年人"您经常为身体疼痛而感到苦恼吗？"以了解老年人的身体疼痛情况，问题选项分为"有"和"没有"。

抑郁情绪。在CHARLS调查问卷中，使用了CESD-10量表对老年人的抑郁风险进行评估，其中包括了两项积极情绪的正向问题——对未来充满希望和感到很愉快，以及八项消极情绪的负面问题——您是否因为一些小事而烦恼、做事很难集中精力以及感到情绪低落等。选项包括四个等级很少或没有、不太多、有时或一半的时间和大多数时间。

认知能力。问卷中关于认知能力包含了两个部分，分别为老年人的心智状况和情景记忆能力。心智状况反映了认知的完整性，在CHARLS问卷中通过测试老年人的日期认知能力、计算能力和画图能力获得，包括10道题目。针对日期认知能力，受访老年人需要回答当前的年份、月份、日期、季节和星期，每答对1题计1分，共5分；计算能力要求受访者回答100减7等于几，连续减5次，回答正确1个得1分，共5分；画图能力需要受访者在纸上画出看到的一张两个五角星重叠的图片，顺利画出计1分。心智状况得分为以上各项得分加总，满分11分。情景记忆能力测量方法为访员为受访者读出10个词，然后让受访者回忆词语，所记词语正确个数即为得分，满分10分。认知能力得分为心智状况与情景记忆能力两部分得分加总，得分范围0~21分。

根据上述健康指标分别构建老年人身体虚弱指数和心理虚弱指数以代表老年人综合的身体健康状况和心理健康状况，身体虚弱指数和心理虚弱

---

① Tsang, A., et al. Common Chronic Pain Conditions in Developed And Developing Countries: Gender and Age Differences and Comorbidity With Depression-Anxiety Disorders [J]. J Pain, 2008, 9 (10): 883-891.

指数的构建详见第四章第一节第二部分的描述。

三　个体特征变量

个体特征变量包括老年人的性别、年龄、婚姻状况、受教育程度以及退休状况，反映了老年人的个体特征，其中需要解释的变量为退休状况。CHARLS 问卷中通过询问被访老年人"您是否已经退休或者退职"来进行判定，已退休的老年人包括回答为"是"的城镇老年人以及农村领取养老保险的老年人，赋值为 1，其余未退休的老年人赋值为 0。

四　其他控制变量

环境因素包含城乡类型和活动场所两个变量。首先，城乡类型也就是老年人所属社区的城乡归属，即属于城镇区域还是农村区域。在 CHALRS 调查中，若老年人所属的城乡类型为农村，则赋值为 0，所属城乡类型为城镇，赋值为 1。活动场所为老年人社会参与尤其是文化娱乐类社会参与提供了基本的场地保障和设施支持，在 CHARLS 问卷中对应的问题是"你们的村/社区是否有下列设施或者活动场所？"，这些设施或活动场所包括①篮球场②游泳池③露天健身器④乒乓球桌⑤棋牌活动室⑥乒乓球室⑦书画协会⑧舞蹈队或者其他锻炼队⑨协助老弱病残的组织⑩就业服务中心⑪老年活动中心⑫老年协会⑬养老院⑭其他娱乐设施。若老年人所在的社区有以上任何一种设施或者活动场所，则赋值为 1，如果以上 14 种设施或活动场所均未提供则赋值为 0。

代表老年人行为方式的变量主要包括吸烟、饮酒与体力活动。由于本研究中的社会参与和健康状况只考虑当前的情况，因此吸烟、饮酒也只考虑当下，并未包括过去是否吸烟和饮酒的情况。在 CHARLS 问卷中通过询问受访者"您现在仍然在吸烟还是已经戒烟？"来反映老年人的吸烟情况，若受访老年人回答"现在仍然抽烟"，则赋值为 1，如果受访老年人回答"已经戒烟"或者"从未吸烟"则赋值为 0。同样的，通过询问受访者"过去一年里，您喝酒吗，喝酒频率如何？"来反映老年人的饮酒情况，喝酒包括喝啤酒、葡萄酒和白酒等，若受访老年人回答"什么都不喝"则赋值为 1，回答"喝酒且每月超过一次或每月少于一次"则赋值为 0。

研究表明，定期进行适量的体力活动有助于老年人血压血糖的控制，提高身体机能，对一些疾病的预防也起到积极的作用。[①] CHARLS 问卷中根据活动强度将体力活动划分为三个等级：①高强度活动指的是诸如搬运重物、耕作、快速骑车等非常消耗体力的，会使人呼吸急促、心跳加速的活动；②中等强度的活动是指如搬运较轻的东西、常速骑车、拖地、打太极、疾走等呼吸比平时略快一些的活动；③低强度体力活动主要是指走路，包括从一个地方走到另一个地方或者为了休闲、锻炼而散步等以正常行走速度进行的活动。分别询问老年人对以上三种类型体力活动的参与程度，如果受访老年人回答通常每周至少持续做 10 分钟以上三种体力活动的任意一种则视为有体力活动，赋值为 1，否则赋值为 0。

社会因素包括照料支持和养老保险，在一定程度上反映了老年人健康状况的社会支持维度。照料支持情况在 CHARLS 问卷中通过询问老年人"如果以后您在吃饭、穿衣等日常生活方面需要照料，除了配偶之外，有亲友能长期照顾您吗？"来反映，如果回答"是"，赋值为 1，回答为"否"，则赋值为 0。关于是否有养老保险，在问卷中通过询问"您是否参加了/领取了政府机关、事业单位或企业职工基本养老保险？"，参加了或领取了任意一种养老保险，或者已参加还未领取养老保险的老年人赋值为 1，未参加任何养老保险的老年人赋值为 0。经济因素以老年人是否有存款表示，在问卷中对应的问题是"您在金融机构（如银行等）存了多少钱？"，如果老年人回答没有任何存款，赋值为 0，大于 0 元则视为有存款，赋值为 1。老年人的存款情况从一定程度上反映了老年人家庭的经济状况，而经济状况则会直接影响老年人的社会参与情况。

综上所述，文中所关注的变量主要包括社会参与、身体健康、心理健康，控制变量包括个体特征因素、环境因素、行为方式因素以及社会经济因素。表 3-1 为变量的取值范围、变量含义和赋值情况。

---

① 晏丹丹等．高龄老人的身心健康状况及与体力活动的关系研究［A］．中国体育科学学会．2015 第十届全国体育科学大会论文摘要汇编（三）［C］．2015：821-822.

表 3-1 变量含义及赋值

变量	变量含义及赋值
核心变量	
身体虚弱指数	取值范围 0~1，指数越高，老年人口身体健康状况越差
心理虚弱指数	取值范围 0~1，指数越高，老年人口心理健康状况越差
社会参与频率	取值范围 0~24 分，分值越高，社会参与越频繁
个体特征因素	
性别	0＝女，1＝男
年龄	基期老年人周岁年龄（岁）
婚姻状况	0＝无配偶，1＝有配偶
受教育程度	根据老年人获得的最高学历计算的实际受教育程度
退休状况	0＝未退休，1＝已退休
环境因素	
城乡类型	0＝农村，1＝城镇
活动场所	0＝无活动设施，1＝有活动设施
行为方式因素	
吸烟	0＝不吸烟，1＝吸烟
饮酒	0＝不饮酒，1＝饮酒
体力活动	0＝没有体力活动，1＝有体力活动
社会经济因素	
养老保险	0＝无养老保险，1＝有养老保险
照料支持	0＝无照料支持，1＝有照料支持
存款情况	0＝无存款，1＝有存款

定量分析部分通过纵向数据重点对 3 个调查期内老年人口健康和社会参与的变化进行考察，表 3-2 列出的是 3 期均参与调查的老年人口健康和社会参与均值变化情况以及 2011 年的个体特征状况。共有 3373 位老年人在 2011 年（T0）、2013 年（T1）和 2015 年（T2）三个调查期内均参与了调查，即被观测了 3 次。从整体来看，老年人社会参与的频率较低，社会参与频率的均值在 3 个调查期内呈现先升后降的趋势，2013 年社会参与频率的均值最大，为 1.64，到 2015 年降为 1.46，高于 2011 年的 1.33。老年人的身体虚弱指数在 3 个调查期内的均值不断上升，即

老年人的身体健康状况随着时间的推移不断变差；心理虚弱指数则呈现先下降后回升的趋势。

表 3-2 全样本描述性分析（2011—2015 年）

N = 3373	2011 年（T0）	2013 年（T1）	2015 年（T2）
社会参与频率	1.332±1.817	1.639±2.008	1.462±1.941
身体虚弱指数	0.147±0.112	0.149±0.118	0.152±0.103
心理虚弱指数	0.338±0.200	0.297±0.181	0.329±0.206
年龄	67.306±6.074		
受教育程度	3.389±3.861		
男性	49.36%		
有配偶	79.40%		
城镇	30.30%		

注：表中数据为均值±标准差。

第三节 研究方法

本书中进行定量研究时使用的研究方法主要包括潜在类别分析、潜变量增长模型、多元线性回归以及无序多分类 Logit 模型。本节主要对前两种方法做出详细介绍。

一 潜在类别分析

本研究运用潜在类别分析（Latent Class Analysis，LCA）对我国 60 岁及以上的老年人社会参与的类别进行划分。潜在类别分析是通过潜在类别模型（Latent Class Model，LCM），用间断的潜在类别（Class）来解释外显指标间的关联，使这种关联通过潜在类别变量来估计，进而维持其局部独立性的统计方法。假设 Y_{ij} 是观察对象 i 在第 j 个外显变量的作答，S_j 是第 j 个外显变量 l_j 个作答水平之一；y_i 是某观察对象的作答向量，s 代表了一种特定的反应模式。假设只有一个潜在类别变量 X_i，潜在类别数为 c。模型有两个基本假设：

假设一，在某个潜在类别下，各个外显变量的反应模式之间无关联性，局部独立，换句话说，即属于潜在类别 c 的观察对象，其作答向量 s 的概率等于观察对象在各个外显变量某个水平的作答概率的连乘，如式（3-1）所示。

$$P(y_i = s \mid X_i = c) = \prod_{j=1}^{J} P(Y_{ij} = s_j \mid X_i = c) \tag{3-1}$$

假设二，外显变量各种反应的概率分布可以由少数互斥的潜在类别变量来解释，即某个作答向量的概率等于以潜在类别概率为权重向量的该作答向量的条件概率之和，如式（3-2）所示。

$$P(y_i = s) = \sum_{c=1}^{C} P(X_i = c) P(y_i = s \mid X_i = c) \tag{3-2}$$

其中 $P(X_i = c)$ 是观察对象属于第 c 种潜在类别的概率，$P(Y_{ij} = s_j \mid X_i = c)$ 是属于潜在类别 c 的观测对象在题 Y_{ij} 作答为 s_j 的条件概率。

除此之外，在各潜在类别内，所有外显变量的条件概率总和为 1.00，而潜在类别的概率总和也为 1.00，这也是潜在类别模型的基本限制条件，也可以根据特定研究的相关理论对参数进行限定。[①]

为了识别社会活动的潜在类别，首先建立只有一个潜在类别的模型（$c=1$），以此模型为基准模型，也称零模型（null model），此时假设外显变量之间具有完全独立性，然后逐一增加潜在类别的个数，反复进行假设模型和观察数据之间的适配状况检验，直到找到最佳模型为止。在检验模型适配度方面，Akaike 信息评价指标（AIC）和 Bayesian 信息评价指标（BIC）得分越低，模型越适合。[②] 熵值（Entropy）用来评价潜在类别分类的精确性，当熵值小于 0.6 时，表示有超过 20% 的个体存在分类错误；熵

---

① 邱皓政. 潜在类别模型的原理与技术［M］. 北京：教育科学出版社，2008.

② Nylund, K. L., Aspraouhov, T., & Muthen, B. O. Deciding on the number of classes in latent class analysis and growth mixture modeling：A Monte Carlo Simulation study［J］. Structural Equation Modeling，2007，14（4）：535-569.

值等于 0.8 时，表示分类的准确率超过 90%[1]，然而王孟成等最新的研究发现在其他条件不变的情况下，样本量越大，熵值越小，分类的精确性也越差。[2] 此外，还包括 LMR 似然比检验（Lo-Mendell-Rubin-Likelihood Ratio，LMR-LRT），LMR-LRT 是一种相对适合度的指标，当拒绝零假设时意味着 c 类模型并没有 $c-1$ 类模型好。[3]

在确定了最佳模型之后，首先根据条件概率来判断各潜在类别的反应倾向。条件概率越大，代表该潜在类别在该外显变量上选择该水平的概率就越大，也就是这种倾向越明显。其次根据各外显变量的条件概率对各潜在类别的特征进行归纳，并以此对各潜在类别进行命名。最后通过计算后验概率推断各作答向量归属的潜在类别，以此对每位受访者的社会活动参与进行分类。[4] 就本文研究的老年人社会参与的类型来说，如果已知某位受访老年人属于某种潜在类别 c，那么可以得出这位老年人在 8 项社会活动中的每一项回答"是"的概率；同样，如果已知某位老年人在 8 项社会活动中对每一项的回答，便可以得出这位受访者属于某种潜在类别 c 的概率。

二 潜变量增长模型

潜变量增长模型最早被运用于心理学领域，后来在教育学、社会学等社会科学领域均运用该模型对事物随时间的变化过程进行刻画。本节关于潜变量增长模型的介绍主要参考王孟成[5]和刘红云等[6]对于该方法的研究。

① Lubke, G. H. & Muthén, B. O. Performance of factor mixture models as a function of covariate effects, model size, and class-specific parameters [J]. Structural Equation Modeling, 2007, 14: 26-47.

② 王孟成, 邓俏文, 毕向阳, 叶浩生, 杨文登. 分类精确性指数 Entropy 在潜在剖面分析中的表现：一项蒙特卡罗模拟研究 [J]. 心理学报, 2017, (11): 1473-1482.

③ Lo, Y., Mendell, N. R., & Rubin, D. B. Testing the number of components in a normal mixture [J]. Biometrika, 2001, 88 (3): 767-778.

④ 张洁婷, 焦璨, 张敏强. 潜在类别分析技术在心理学研究中的应用 [J]. 心理科学进展, 2010, 18 (12): 1991-1998.

⑤ 王孟成. 潜变量建模与 Mplus 应用进阶篇 [M]. 重庆：重庆大学出版社, 2018.

⑥ 刘红云, 张雷. 追踪数据分析方法及其应用 [M]. 北京：教育科学出版社, 2005.

（一）无条件模型

潜变量增长模型（Latent Growth Modeling，LGM）是结构方程模型框架下的一种变式，用来考察某一变量的变化轨迹，[①] 适合对纵向数据进行建模。潜变量增长模型在考察个体在不同时点的变化特征的同时，还体现了不同个体间的变化差异。[②] 潜变量增长模型的好处在于可以帮我们清楚地了解以下几点：①随着时间的推移，被研究变量均值的变化趋势是怎样的；②被研究变量的初始水平是否可以预测变化的速度；③是否可以通过被研究变量均值的变化趋势对结果进行预测；④哪些因素与随时间推移而产生的变化有系统的关联；⑤被研究变量的变化轨迹是否存在显著的个体间差异；⑥一个因素的变化是否与另一个因素的变化有关。

需要注意的是，LGM 模型至少需要 3 次的观测数据，原因有如下几点。首先，从统计识别的角度。LGM 为验证性因子分析（CFA）的一种特殊形式，而每个观测指标在截距因子和斜率因子上均有负荷，因此需要多次测量。这里就以无条件 LGM 为例，两个潜变量（截距和斜率因子）至少需要 3 次的观察数据才能识别（在估计模型参数时才能有一个自由度）。其次，为了能清晰地解释研究问题的角度，平面上两点可以确定一条直线，那么观察直线变化的趋势至少需要 3 个及以上的点。

由于本文使用的数据仅涉及 3 个调查时点，所以以下仅以 3 个时间点为例介绍潜变量增长模型。

如图 3-1 所示，潜变量增长模型首先定义出两个潜变量，即图中的截距（即初始水平）和斜率，然后根据某一变量在 3 个时点上的实际观测值来估计模型中的这两个潜变量。如图中所示，Y_1、Y_2、Y_3 分别为个体的某变量三次重复测量值，E1、E2、E3 为 3 个时间点上的测量误差。具体来说，截距因子表示在不考虑其他协变量的情况下，描述研究对象的初始水平，即个体第一次被测时的水平，截距因子的均值为 μ_α，描述的是初始水

---

① Meredith, W., & Tisak, J. Latent curve analysis [J]. *Psychometrika*, 1990, 55: 107-122.

② 〔美〕普里彻，〔美〕威克曼，〔美〕麦卡勒姆等. 潜变量增长曲线模型 [M]. 上海：上海人民出版社，2012.

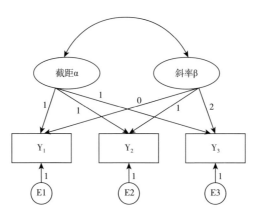

图 3-1　无条件 LGM 模型

平的均值。截距因子的方差为 ζ_{ai}，表示的是个体在某个特定时间点的差异程度或者离散程度，方差越大意味着个体间的初始水平的差异越明显。而斜率因子的均值为 μ_{β}，表示几次调查时间点的平均增长率，斜率因子的方差 $\zeta_{\beta i}$ 则反映了个体之间增长差异的大小，方差的值越大表示个体间发展轨迹的差异越明显。我们将这种简单描述变化趋势的模型称为无条件模型（Unconditional LGM）。

由于每次测量时截距不会改变，因此重复测量在截距因子上的载荷固定为 1，而斜率因子上的载荷表示时间效应[①]，可以设定为具体的值，或者进行自由估计，设定不同代表的时间函数或成长类型也不同。例如，图 3-1 中为 3 个时点的测量数据，可以将 3 次时间设定为等距的间隔 $t_1 = 0$、$t_2 = 1$、$t_3 = 2$，表明时间函数为线性增长模型。截距和斜率之间的双箭头表示个体的截距和斜率之间的相关关系，如果是正相关，意味着初始水平较高则增长斜率为正向，如果是负相关，表明初始水平较高则增长斜率为负向。

（二）条件模型

无条件模型只是对随时间变化的趋势进行的简单描述，而通常情况下

---

① Meredith, W., & Tisak, J. Latent curve analysis [J]. *Psychometrika*, 1990, 55: 107-122.

事物并非孤立存在，而是会受到其他多种因素的影响。因此在对研究对象的发展变化轨迹进行描述的同时，还要考虑其他因素所带来的影响，即需要控制其他潜在的因素。条件模型（Conditional LGM）则是包含协变量的线性增长模型，而协变量包括时间不变协变量（time-invariant covariates）和时间变化协变量（time-varying covariates）两类。加入时间不变协变量的目的在于控制某些不随时间变化的协变量对潜在增长过程的影响，具体的路径如图 3-2 所示。

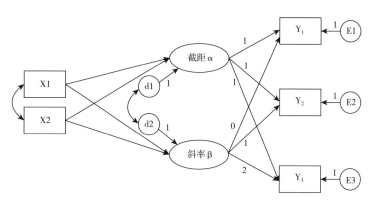

图 3-2　包含时间不变协变量的 LGM

　　图 3-3 则是包含时间变化协变量的 LGM 模型的路径。可以看出，被研究变量和协变量在每个调查时点上同时被观测，在每个调查时点上的协变量仅对同期观测的被研究变量产生影响，且不同时点的协变量之间以及潜变量之间均相关。协变量对结果变量影响的回归系数反应的是在控制了结果变量潜在增长过程后的效应。图 3-4 是同时包含了时间变化和时间不变两种协变量的 LGM 模型路径图，也是在实际研究中常用的。

　　近年来，国内运用潜变量增长模型或增长曲线模型对纵向数据进行研究的文章也与日俱增。如侯桂云等[①]采用潜变量增长模型对 1816 位完成四次跟踪调查的老年人数据进行建模，探讨了老年人认知能力的变化轨迹及

① 侯桂云，黎光明，谢晋艳，杨栋. 老年人认知功能的变化轨迹：基于潜变量增长模型的分析 [J]. 心理科学，2018，41（4）：835-841.

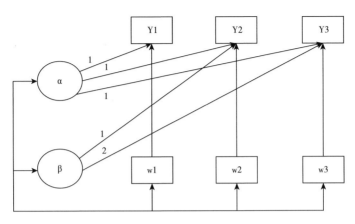

图3-3 包含时间变化协变量的 LGM 模型路径

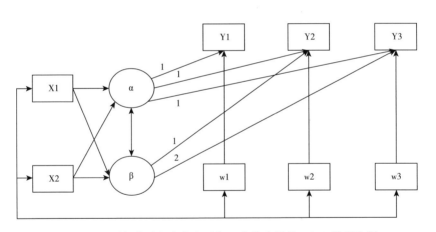

图3-4 同时包含时间变化和时间不变协变量的 LGM 模型路径

其影响因素，发现老年人认知功能呈现非线性的下降趋势，且日常活动能力和受教育水平对老年人的认知能力均具有积极的影响。刘俊升等[①]运用潜变量增长模型，检验884名小学生三年来4次追踪测试所得的孤独感的变化趋势，发现孤独感呈现曲线递减趋势，同时考察了不同性别的儿童其

---

① 刘俊升，周颖，李丹．童年中晚期孤独感的发展轨迹：一项潜变量增长模型分析［J］．心理学报，2013，45（02）：179-192.

孤独感变化的差异性和同伴接纳对孤独感变化的影响。张晓①同样选用潜变量增长模型对 119 名幼儿进行了 3 次追踪测试以检验童年早期的社会能力是否呈线性增长，同时考察气质、性别和母亲的受教育程度及其交互作用对社会能力发展水平及速度的影响。

综上所述，潜变量增长模型的使用会使纵向研究的数据更有意义。本研究使用的 CHARLS 数据包括 2011 年的全国基线调查数据、2013 年第一次追踪调查数据以及 2015 年全国基线样本常规调查的第二次追踪调查数据，共 3 次观测值。而本研究的研究对象为 60 岁及以上的老年人口，连续 3 次参与调查的老年人口数量为 3373，年龄范围是 60 岁至 96 岁。可以看出，老年人群体本身的年龄跨度较大，这意味着老年人群体内部可能存在着很大异质性，即不同的老年人个体在社会参与和健康的初始水平和变化方面存在一定的差异。因此，本研究数据适用潜变量增长模型以探讨老年人口健康的变化趋势和社会参与变化趋势之间的关系。

（三）分析软件

Mplus、STATA、AMOS 和 LISREL 等软件都可以用来处理纵向数据和潜变量相关模型。Mplus 是一款功能强大的潜变量建模类软件，可以将多个潜变量模型综合于一个统一的分析框架。本研究分别使用 STATA 和 Mplus 软件对被调查老年人口的健康和社会参与的相关关系进行探讨，Mplus 相关的操作和命令均参考王孟成的研究。②

---

①　张晓. 童年早期社会能力的发展：一个潜变量增长模型 ［J］. 心理学报，2011，43（12）：1388–1397.

②　王孟成. 潜变量建模与 Mplus 应用进阶篇 ［M］. 重庆：重庆大学出版社，2018.

第四章　老年人口健康和社会参与的基本状况分析

为了考察中国老年人口健康和社会参与之间的关系，我们需要对当前老年人口健康和社会参与的基本情况有所了解。首先，运用虚弱指数法分别构建了老年人的身体虚弱指数和心理虚弱指数，以期对当前我国老年人口健康的综合水平进行较为全面的了解。其次，通过潜在类别分析探索我国老年人社会参与的类型，并对当前我国老年人社会参与的频率和类型进行了一般性的描述。

第一节　老年人口健康现状

健康是老年人生活质量最重要的标准之一，因此研究老年人的健康状况是老龄科学的一个重要课题，尤其在当今社会老年人慢性病为家庭和社会带来了巨大的负担。因此，了解老年人健康状况对于理解健康老龄化的现实起点具有重要意义，也是制定相关健康干预措施的前提条件。

一　各个健康指标的特征

表 4-1 为 2015 年中国老年人的整体健康状况。从自评健康结果可以看出，中国老年人的整体健康水平一般，其中有 55.40% 的老年人认为自己的健康状况"一般"，占比最大，而老年人自评健康"好"的比例（包括"很好"和"好"）为 23.45%，略高于自评健康"差"的比例（包括"不好"和"很不好"）（21.16%）。从反映身体健康的日常活动能力

（ADL）指标来看，绝大多数老年人的日常活动能力良好（89.67%），但仍有8.07%的老年人为轻度失能，中度和重度失能的老年人比例分别为1.40%和0.86%，我们需要关注失能老年人的照料和医疗服务。对于老年人失能等级的划分标准，本文沿用中国老龄科学研究中心在2011年的研究项目中提出的标准①，即在6项日常能力活动中无障碍的视为健康，有1~2项活动无法完成或需要他人帮助完成的则视为轻度失能，轻度失能对生活自理能力影响较小；有3~4项活动无法完成或需要他人帮助完成的判定为中度失能；有5项及以上活动无法完成或需要他人帮助完成的则为重度失能。

　　从慢性病患病情况来看，老年人患各种慢性病的比例居高不下，至少患有1种慢性病的老年人占总体调查老年人的71.50%，其中患有1种慢性病的老年人占27.95%，患2种慢性病的占19.74%，患3种及以上的占23.81%。从反映老年人心理健康的抑郁情绪指标来看，尽管大多数老年人的抑郁情绪属于正常水平（68.60%），但仍有31.40%的老年人抑郁情绪较为严重。综上所述，老年人整体的健康状况一般，慢性病的患病率居高不下。

表4-1　2015年中国老年人健康状况（N=9449）

单位:%

健康变量	比例
自评健康	
很好	11.14
好	12.31
一般	55.40
不好	18.87
很不好	2.29
日常活动能力（ADL）	
健康	89.67

① 中国人口与发展研究中心课题组.中国人口老龄化战略研究［J］.经济研究参考，2011，34：2-23.

续表

健康变量	比例
轻度失能	8.07
中度失能	1.40
重度失能	0.86
慢性病患病	
未患慢性病	28.50
患 1 种慢性病	27.95
患 2 种慢性病	19.74
患 3 种及以上慢性病	23.81
抑郁情绪	
正常	68.60
抑郁	31.40

二 健康综合指标的构造

反映健康的指标有很多，而健康本身就是一个多维的概念，它不仅包括躯体的健康状况，还包括心理的健康状况。为了对老年人的健康状况有一个整体的印象以及便于下文的分析，本部分在以往研究基础上借鉴虚弱指数法从身体健康和心理健康两方面分别构造身体虚弱指数和心理虚弱指数，以期对老年人的健康状况进行综合分析。

Rockwood 等人[1]给出的定义如下，虚弱指数（Frailty Index）就是给定的个体在所有健康指标的测量中取值为不健康的指标个数占总体指标个数的比重，即

$$FI = \frac{健康指标中取值为不健康的指标个数}{健康指标的总个数}$$

由于不同国家或地区数据的可得性限制以及研究内容的不同，至今为止对于虚弱指数的构建并没有统一的标准，而由于所使用数据的差异，不

---

[1] Rockwood K. , et al. A global clinical measure of fitness and frailty in elderly people [J]. CMAJ, 2005, (30), 173: 489-495.

同学者所选取的健康指标也不尽相同。[①]

因此，根据本文的内容以及 CHARLS 调查数据健康变量的可获得性，本章借鉴了曾宪新[②]和曾毅[③]的研究，运用 2015 年 CHARLS 调查数据，通过虚弱指数的方法和原则分别构造身体虚弱指数和心理虚弱指数以便对老年人的身体健康和心理健康进行测量和分析。

（一）身体虚弱指数的构造

在参考前人对美国、加拿大、中国内地、中国香港的研究基础上，本研究结合 CHALRS 的数据特征，选取了 27 个反映身体健康的变量来构建身体虚弱指数。这 27 个变量包括 6 个日常活动能力变量、6 个工具性日常活动能力变量、9 个躯体功能变量、1 个视力功能变量、1 个听力功能变量、1 个身体疼痛变量、2 个慢性病变量和 1 个自评健康变量，每个变量的取值为不健康时定义为 1，取值为健康时定义为 0，虚弱指数的取值范围是 0~1。其中患高血压和患糖尿病的定义是参照《中国健康与养老报告》[④]，自评健康的取值是参照 Searle 等人[⑤]的设定。构造身体虚弱指数的变量以及具体取值情况见表 4-2。从表中可以看出，根据 CHARLS 问卷的特征，本节选取构造身体虚弱指数的各变量有一些为实际测量的变量，如肢体状况，还有一些变量为主观评价，如听力情况、视力情况、身体疼痛情况和自评健康等。

表 4-2　构造身体虚弱指数的变量及取值

序号	变量	取值
1	日常活动能力（ADLs）：穿衣	有困难需要帮助或无法完成为 1，否则为 0

① Rockwook K., Minitski A., MacKnight C. 2002. Something mathematical models of frailty and their clinical implications [J]. Rev Clin Gerontol, 2002, (12): 109-117.

② 曾宪新. 我国老年人口健康状况的综合分析 [J]. 人口与经济, 2010, (05): 80-85.

③ 曾毅. 老年人口家庭、健康与照料需求成本研究 [M]. 北京：科学出版社, 2010.

④ 赵耀辉等. 中国健康与养老报告 [R]. 北京大学中国健康与养老追踪调查项目组, 2019.

⑤ Samuel D. Searle, Arnold Mitnistki, Evelyne A. Gahbauer, Thomas M. Gill and Kenneth Rockwood. A standard procedure for creating a frailty index [J]. BMC Geriatrics, 2008, 8: 24.

序号	变量	取值
2	日常活动能力（ADLs）：洗澡	有困难需要帮助或无法完成为1，否则为0
3	日常活动能力（ADLs）：吃饭	有困难需要帮助或无法完成为1，否则为0
4	日常活动能力（ADLs）：上下床	有困难需要帮助或无法完成为1，否则为0
5	日常活动能力（ADLs）：上厕所	有困难需要帮助或无法完成为1，否则为0
6	日常活动能力（ADLs）：控制大小便	有困难需要帮助或无法完成为1，否则为0
7	工具性日常活动能力（IADLs）：做家务	有困难需要帮助或无法完成为1，否则为0
8	工具性日常活动能力（IADLs）：做饭	有困难需要帮助或无法完成为1，否则为0
9	工具性日常活动能力（IADLs）：购物	有困难需要帮助或无法完成为1，否则为0
10	工具性日常活动能力（IADLs）：管钱	有困难需要帮助或无法完成为1，否则为0
11	工具性日常活动能力（IADLs）：吃药	有困难需要帮助或无法完成为1，否则为0
12	工具性日常活动能力（IADLs）：打电话	有困难需要帮助或无法完成为1，否则为0
13	躯体功能：跑或慢跑1公里	有困难需要帮助或无法完成为1，否则为0
14	躯体功能：走1公里	有困难需要帮助或无法完成为1，否则为0
15	躯体功能：走100米	有困难需要帮助或无法完成为1，否则为0
16	躯体功能：久坐后从椅子上站起来	有困难需要帮助或无法完成为1，否则为0
17	躯体功能：连续不停地爬几层楼	有困难需要帮助或无法完成为1，否则为0
18	躯体功能：弯腰、屈膝或下蹲	有困难需要帮助或无法完成为1，否则为0
19	躯体功能：手臂沿肩向上伸展（两只手）	有困难需要帮助或无法完成为1，否则为0
20	躯体功能：提10斤重物	有困难需要帮助或无法完成为1，否则为0
21	躯体功能：从桌上拿起一小枚硬币	有困难需要帮助或无法完成为1，否则为0
22	视力情况	看远处或近处东西不好为1，否则为0
23	听力情况	听力不好为1，否则为0
24	身体疼痛	经常为身体疼痛感到苦恼为1，否则为0
25	患高血压	自报患有高血压或舒张压力≥90mmHg或收缩压≤140mmHg为1，否则为0
26	患糖尿病	自报患有糖尿病或空腹血糖≥126mg/dl或糖化血红蛋白≤6.5%为1，否则为0
27	自评健康	很不好=1，不好=0.75，一般=0.5，好=0.25，很好=1

根据曾宪新①和曾毅②的设定，构造身体虚弱指数如下：

$$FI\_PHY = \frac{\sum_{i=1}^{N_i} D_i}{N_1} \qquad (4-1)$$

式（4-1）中，FI_PHY 为身体虚弱指数；其中 N_1 为所有构造身体虚弱指数变量的总得分，这里 $N_1 = 27$；D_i 为第 i 个反映身体健康的变量对应的身体虚弱变量的取值，$D_i = 1$ 意味着第 i 个身体健康变量取值为不健康的状况，$D_i = 0$ 则表示第 i 个身体健康变量取值为健康的状况。

需要说明的是，慢性病患病情况本身可以很好地反映老年人的身体健康状况以及虚弱程度，以往许多研究均将该指标作为构造虚弱指数的变量。随着我国社会经济的快速发展和现代人生活方式的改变，慢性病逐渐成为危害人类健康的重要因素之一，且慢性病不仅会伴随发病率高、病程长等特征，还会产生并发症。图 4-1 展示了 2015 年 CHARLS 问卷调查收集的自报医生诊断 14 种常见慢性病的患病情况，可以看出，自报患病率超过 10% 的几种慢性病依次是关节炎/类风湿、高血压病、消化系统疾病、心脏病、血脂异常和肺部疾病。第五次年国家卫生服务调查显示③，随着年龄的增长，我国城乡老年人慢性病的患病率也随之提高，城镇和农村 65 岁及以上老年人的慢性病患病率分别是 89.4% 和 65.6%。而从全国范围来看，老年人患病率排在前五名的依次是高血压、糖尿病、脑血管病、缺血性心脏病以及慢性阻碍性肺病。

表 4-3 就是结合以上 6 种老年人患病率最高的慢性病，计算并分析老年人共患疾病的情况。从表中可以看出，在 CHARLS 数据中，有 12.63% 的老年人同时患有高血压病和关节炎/类风湿，有 11.38% 的老年人同时患有胃部疾病和关节炎/类风湿，有 8.90% 的老年人同时患有高血压病和心脏病，以上是共患疾病比例的前三位，其他共患疾病的比例详见表 4-3。

① 曾宪新. 我国老年人口健康状况的综合分析 [J]. 人口与经济，2010，(05)：80-85.
② 曾毅. 老年人口家庭、健康与照料需求成本研究 [M]. 科学出版社，2010.
③ 国家卫生计生委统计信息中心. 2013 第五次国家卫生服务调查分析报告 [M]. 北京：中国协和医科大学出版社，2015.

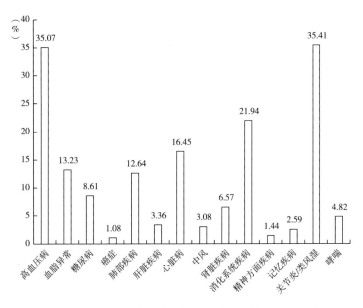

图 4-1　60 岁及以上人群自报医生诊断的慢性病患病率

值得注意的是，同时患有几种慢性病不仅会对老年人的身体机能、生活质量产生更大的影响，而且会提高医疗服务的使用率，对社会的医疗服务资源造成巨大的压力。①

表 4-3　老年人共患疾病情况

单位:%

项目	1	2	3	4	5
2	7.83				
3	4.43	1.81			
4	8.90	4.68	3.52		
5	7.09	3.52	3.93	5.33	
6	12.63	5.07	5.74	7.04	11.38

注: 1. 高血压病 2. 血脂异常（高血脂或低血脂）3. 慢性肺部疾病如慢性支气管炎或肺气肿、肺心病（不包括肿瘤或癌）4. 心脏病（如心肌梗塞、冠心病、心绞痛、充血性心力衰竭或其他心脏疾病）5. 胃部疾病或消化系统疾病（不包括肿瘤或癌）6. 关节炎/类风湿。

① Marengoni, A. et al. Aging with multimorbidity: A systematic review of the literature [J]. Aging Research Reviews, 2011, (4): 430-439.

由于我国大部分老年人没有定期体检的习惯（2015 年 CHARLS 调查数据显示，有 47.2％的老年人两年之内做过体检），因此老年人自报的患慢性病情况可能低于真实的慢性病患病率，而 CHARLS 调查的好处在于除了主观的自报患病情况，它还收集了更为客观的健康指标，如通过体格测试获得的血压指标和通过血液检查获得的血糖和糖化血红蛋白等指标，这有助于我们获得更为真实的高血压和糖尿病患病率，因此在构建身体虚弱指数时，本研究仅选取了高血压和糖尿病作为老年人慢性病的指标。

（二）心理虚弱指数的构造

伴随着年龄的增长，精神和体力上的衰弱，慢性病的患病以及诸如丧偶等事件的影响，老年人群体的抑郁风险高于其他群体。世界卫生组织的数据显示，60 岁及以上的老年人中超过 20％的人有精神方面的疾病，并且在所有残疾的老年人中，6.6％是由精神方面的疾病造成的残疾。[①] 抑郁症是影响全球老年人的一种常见的心理疾病，且常常伴随着其他慢性病共同发生，是老年人死亡率的重要预测因素，同时患抑郁症会增加医疗服务的使用率，抑郁的老年人也通常需要被长期照护，这无疑增加了患病老年人家庭的负担，同时也给社会医疗服务资源造成了一定的压力。

在 CHARLS 调查问卷中，使用了 CESD-10 量表对老年人的抑郁风险进行评估，其中包括了两项积极情绪的正向问题——对未来充满希望和感到很愉快，以及八项负面的消极情绪问题——您是否因为一些小事而烦恼、做事很难集中精力以及感到情绪低落等。CESD-10 量表的测量采用的是四点划分——很少或根本没有、不太多、有时或者说有一半的时间、从不，本研究参照 Searle 等人[②]的关于抑郁情绪的三点划分对这 10 个变量进行了更精确的赋值。

认知能力是反映心理健康状况的重要指标之一，并且随着我国社会

---

① World Health Organization. Depression and Other Common Mental Disorders Global Health Estimates ［R］. 2017.

② Samuel D. Searle, Arnold Mitnistki, Evelyne A. Gahbauer, Thomas M. Gill and Kenneth Rockwood. A standard procedure for creating a frailty index ［J］. BMC Geriatrics, 2008, 8: 24.

经济的飞速发展、科技的进步以及社会的转型，老年人的认知能力对于其维护社会关系、与时俱进地接受新知识技能以跟上这个日新月异的社会至关重要。但我国老年人的认知能力情况不容乐观，认知能力下降所导致的老年人失智患者与日俱增。据统计，截止到 2015 年底，我国 60 岁及以上的失智老年人口的数量已经达到 950 万①，数量庞大的失智老年人口不仅会给个人和家庭带来沉重的经济负担，同时也会给社会的养老和医疗保障体系带来巨大挑战。根据对认知能力的描述可知认知能力的得分范围为 0~21 分。构造心理虚弱指数的变量及取值如表 4-4 所示。

表 4-4　构造心理虚弱指数的变量及取值

序号	变量	取值
1	CESD-10：我因一些小事而烦恼	有困难需要帮助或无法完成为 1，否则为 0
2	CESD-10：我在做事时很难集中精神	有困难需要帮助或无法完成为 1，否则为 0
3	CESD-10：我感到情绪低落	有困难需要帮助或无法完成为 1，否则为 0
4	CESD-10：我觉得做任何事都很费劲	有困难需要帮助或无法完成为 1，否则为 0
5	CESD-10：我对未来充满希望	有困难需要帮助或无法完成为 1，否则为 0
6	CESD-10：我感到害怕	有困难需要帮助或无法完成为 1，否则为 0
7	CESD-10：我的睡眠不好	有困难需要帮助或无法完成为 1，否则为 0
8	CESD-10：我很愉快	有困难需要帮助或无法完成为 1，否则为 0
9	CESD-10：我感到孤独	有困难需要帮助或无法完成为 1，否则为 0
10	CESD-10：我觉得我无法继续的我生活	有困难需要帮助或无法完成为 1，否则为 0
11	认知能力得分	7 分及以下为 1，8~12 分为 0.75，13~14 分为 0.5，15~17 分为 0.25，18 分及以上为 0

构造心理虚弱指数同样参考了曾宪新②和曾毅③的设定，将问卷中反映

① Alzheimer's Disease International. World Alzheimer Report 2015：The Global Impact of Dementia [R]. 2015：25.
② 曾宪新. 我国老年人口健康状况的综合分析 [J]. 人口与经济，2010，(05)：80-85.
③ 曾毅. 老年人口家庭、健康与照料需求成本研究 [M]. 科学出版社，2010.

老年人情绪状况的 10 个变量以及认知能力（作为 1 个变量）纳入心理虚弱指数的构造之中，其中认知能力的取值参照杨磊和王延涛[1]以及 Searle 等人[2]的研究，具体变量及取值详见表 4-4。心理虚弱指数的计算过程如下：

$$FI\_MN = \frac{\sum_{j=1}^{N_j} D_j}{N_2} \tag{4-2}$$

在式（4-2）中，FI_MN 为身体虚弱指数；其中 N_2 为所有构造心理虚弱指数变量的总得分，这里 $N_2 = 11$；D_j 为第 j 个反映心理健康的变量对应的精神虚弱变量的取值，$D_j = 1$ 意味着第 j 个心理健康变量取值为不健康的状况，$D_j = 0$ 则表示第 j 个心理健康变量取值为健康的状况。

三 虚弱指数的特征

通过上文描述的虚弱指数构造方法，利用 2015 年 CHARLS 调查数据，分别构造我国老年人的身体和心理虚弱指数，并以此作为衡量老年人身体健康状况和心理健康状况的标准，进一步对我国老年人的健康状况进行综合分析。

（一）身体虚弱指数的特征

图 4-2 和图 4-3 为不同性别和城乡各年龄组老年人身体虚弱指数的平均值，从图中可以总结出我国老年人身体虚弱指数的几点特征如下。第一，老年人的身体虚弱指数随着年龄的增长而不断攀升，直至 80 岁以后放缓甚至呈现下降趋势。从图中可以看出，无论是分性别还是分城乡来看，80 岁之前的身体虚弱指数均随着年龄的上升而呈现递增的趋势，也就是说老年人的身体健康状况随着年龄的增长而不断下降，老化程度不断加深。

第二，老年人的身体虚弱指数又呈现明显的性别差异。女性老年人身

---

① 杨磊，王延涛. 中国老年人虚弱指数与死亡风险及队列差异 [J]. 人口与经济，2016，（02）：48-57.

② Samuel D. Searle, Arnold Mitnistki, Evelyne A. Gahbauer, Thomas M. Gill and Kenneth Rockwood. A standard procedure for creating a frailty index [J]. BMC Geriatrics, 2008, 8：24.

体虚弱指数的平均值为 0.170，男性老年人则为 0.123。T 检验（p<0.000）也证明了老年人身体虚弱指数的性别差异是显著的。由图 4-2 可以看出，在各个年龄组男性老年人的身体虚弱指数均低于女性老年人，且男性老年人身体虚弱指数随年龄的增长明显比女性老年人要缓慢，即男性老年人的身体健康状况好于女性老年人，且老化速度较女性老年人慢。女性老年人在 80 岁之后身体虚弱指数增长放缓，而男性老年人的拐点则出现在 85 岁。同时，随着年龄的增长男性和女性老年人身体虚弱指数的差异逐渐增加，表现为两条折线开口的不断张大，在 90~94 岁组差异达到峰值，女性老年人的身体虚弱指数均值比男性老年人高出 0.107。

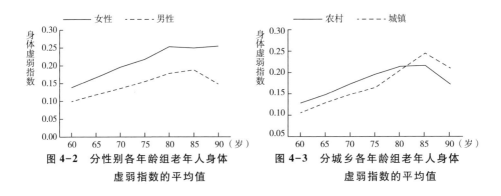

图 4-2　分性别各年龄组老年人身体　　　图 4-3　分城乡各年龄组老年人身体
　　　　 虚弱指数的平均值　　　　　　　　　　　　 虚弱指数的平均值

　　第三，我国老年人的身体虚弱指数还存在着明显的城乡差异。农村老年人身体虚弱指数的平均值为 0.154，而城镇老年人身体虚弱指数的平均值为 0.132，可见城镇老年人的身体健康状况整体优于农村老年人。同时 T 检验（p<0.000）的结果也验证了老年人身体虚弱指数存在显著的城乡差异。由图 4-3 可以看出，在 85 岁之前的各年龄组，城镇老年人的身体虚弱指数均低于农村老年人，但身体虚弱指数的增长趋势和速度基本与农村老年人一致，直至 85~89 岁组，城镇老年人的身体虚弱指数开始反超农村老年人。也就是说城镇老年人的身体健康状况一直优于农村老年人，到 85 岁之后高龄组农村老年人的健康状况反过来优于城镇老年人。这一现象符合我国城乡二元体制下的社会经济发展情况，由于城镇和农村地区在医疗服务设施、水平和可及性等方面存在明显差异，居住在农村的老年人其身

体健康出现问题之后可能得不到及时和有效的医治，因而与城镇老年人相比，其身体健康状况较差，只有那些自身身体素质较好，即更健康的农村老年人才会有机会存活到高龄，加之农村的老年人平时多会从事一些体力活动，因而农村高龄组老年人的身体健康状况自然要好于城镇老年人。

（二）心理虚弱指数的特征

图 4-4 和 4-5 分别为不同性别、城乡老年人心理虚弱指数的平均值，从图中我们可以总结出老年人心理虚弱指数的以下特征。

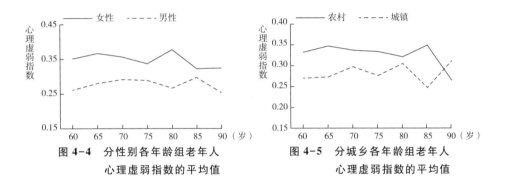

图 4-4 分性别各年龄组老年人
心理虚弱指数的平均值

图 4-5 分城乡各年龄组老年人
心理虚弱指数的平均值

第一，与老年人身体虚弱指数不同，老年人的心理虚弱指数没有呈现明显的随年龄增加而不断上升的趋势，而是处于在平稳中略有波动的状况，且整体上看高龄组老年人的心理虚弱指数比低龄组老年人的心理虚弱指数要低。

第二，老年人的心理虚弱指数存在着明显的性别差异。女性老年人的平均心理虚弱指数为 0.355，男性老年人心理虚弱指数的平均值为 0.276，这意味着男性老年人的心理健康状况均比女性老年人要好。同时 T 检验（p<0.000）也证明了老年人心理虚弱指数的性别差异是显著的。从图 4-4 中还可以观察到，在整个年龄组范围内，女性老年人的心理虚弱指数一直高于男性老年人，且差值在 80~84 岁组达到峰值，二者在此年龄组的心理虚弱指数的平均值相差 0.11，图中体现为两条折线的距离明显拉大。

第三，老年人的心理虚弱指数还存在着明显的城乡差异。农村老年人心理虚弱指数的平均值为 0.337，城镇老年人心理虚弱指数的平均值为 0.278，城镇老年人的心理健康状况整体好于农村老年人。T 检验（p<0.000）的结果也验证了老年人心理虚弱指数的城乡差异是显著的。农村老年人心理虚弱指数的峰值和城镇老年人心理虚弱指数的低谷值出现在同一年龄组，即 85~89 岁组，这意味着农村老年人在晚年时候的心理状况要比城镇老年人差，而城镇老年人在 90 岁及以上组的心理虚弱指数出现回升。

第二节　老年人社会参与现状

一　社会参与频率

根据 2015 年 CHARLS 调查数据，我国老年人社会参与状况如图 4-6 所示。从整体上来看，我国老年人社会参与的比例并不高，10 项活动均未参与的老年人比例为 50.76%，即有超过半数的老年人没有进行任何社会活动参与。在进行了社会参与的老年人当中，有 29.29% 的老年人仅参与了 1 项社会活动，13.21% 的老年人同时参与了 2 项社会活动，仅有 6.74% 的老年人同时参与了 3 项及以上社会活动。可以看出，老年人参与社会活动的项目较为单一，还不够多元化。

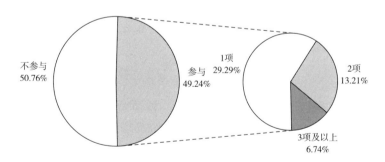

图 4-6　2015 年中国老年人社会参与情况

从参与各项活动的比例来看，如图 4-7 所示，在调查的 2015 年中国老年人社会参与的 10 项活动中，参与人数最多的 3 项活动分别是串门、跟朋友交往（38.93%），打麻将、下棋、打牌、去社区活动室（26.45%）

和向与您不在一起的亲人、朋友或邻居提供帮助（19.22%）。而老年人不参与比例最高的 3 项活动的是上学或者参加培训课程（99.36%）、炒股（98.85%）、志愿者活动或者慈善活动（97.59%）。

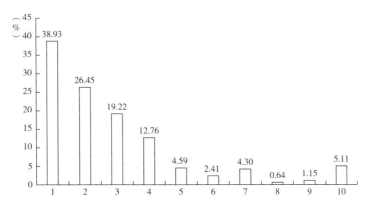

图 4-7　2015 年中国老年人参与各项活动的比例
注：横坐标轴各数字代表的具体活动见表 4-5。

从参与的频率来看，"差不多每天"参加的活动中比例最高的 3 项活动分别是串门、跟朋友交往（18.10%），打麻将、下棋、打牌、去社区活动室（9.63%）和跳舞、健身、练气功等（9.39%），"差不多每天"参加的活动中比例最低的 3 项活动分别为上学或者参加培训课程（0.08%）、志愿者活动或者慈善活动（0.34%）和参加社团组织活动（0.63%）。可以看出，老年人不参加任何活动的比例较高，"差不多每周"参加活动的老年人比例较低。总而言之，老年人社会活动参与的整体比例不高，以与朋友交往、棋牌类活动和向他人提供帮助为主。值得注意的是，在被调查的老年人当中，进行上网活动的老年人占 5.11%，在 10 项活动中的参与比例排在第 4 位。由此可以看出，随着互联网的普及，通过网络参与社会活动已经成为现代老年人参与社会活动的重要途径。中国互联网络信息中心（CNNIC）发布的《第 44 次〈中国互联网络发展状况统计报告〉》显示，截至 2019 年 6 月，我国 60 岁及以上的老年网民比例由 2018 年底的 6.6% 提升至 6.9%，可见互联网在逐渐向中高龄人群渗透。

表 4-5　2015 年中国老年人参与各项社会活动的比例 （N＝9449）

单位：%

活动名称	参与频率的比例				均值
	0	1	2	3	
1. 串门、跟朋友交往	61.07	12.91	7.92	18.10	0.83
2. 打麻将、下棋、打牌、去社区活动室	73.55	9.30	7.52	9.63	0.53
3. 向与您不住在一起的亲人、朋友或邻居提供帮助	80.78	14.71	2.79	1.73	0.25
4. 跳舞、健身、练气功等	87.24	2.12	1.25	9.39	0.33
5. 参加社团组织活动	95.41	2.83	1.13	0.63	0.07
6. 志愿者活动或者慈善活动	97.59	1.74	0.32	0.34	0.03
7. 照顾与您不住在一起的病人或残疾人	95.70	3.00	0.60	0.71	0.06
8. 上学或者参加培训课程	99.36	0.23	0.33	0.08	0.01
9. 炒股（基金及其他金融证券）	98.85	0.29	0.20	0.66	0.03
10. 上网	94.89	0.69	0.43	3.99	0.14

注：0 表示不参加，1 表示不经常，2 表示差不多每周，3 表示差不多每天。

二　社会参与类型

在对老年人各项社会活动参与的比例和频率进行描述之后可以发现，许多老年人进行社会参与时不仅只是参与某一项社会活动，有约 20% 的老年人同时参与了 2 项以上的社会活动。我们除了关注老年人社会参与的频率之外，还应关心老年人社会参与的类型，即老年人参与社会活动时有没有倾向于参与某一类社会活动，为此本研究运用潜在类别分析法对老年人社会参与的类型进行划分。

如表 4-6 所示，根据潜在类别分析法，为了检验老年人社会参与的类别，我们从 2 个类别开始对系列模型的潜在类别个数进行逐步累加，直到模型的各项指标没有进一步的提高。根据模型适配标准，当潜在类别个数为 4 时，AIC 和 BIC 的值为所有模型中最低，且熵值（Entropy）最高，同时 LMR-LRT 显示潜在类别的个数为 4 时的模型比潜在类别个数为 3 时的模型更优（p< 0.05），而当模型分为 5 个潜在类别时，LMR-LRT 的 p 值大于 0.05，因此没有拒绝潜在类别为 5 不如潜在类别为 4 的模型更优的原假设。综合上述指标可知，潜在类别个数为 4 时的模型为最优，也就是将老年人的社会参与类别分为 4 个组是最合适的。表 4-7 为社会参与类别的条件概率，本研究将通过各个条件概率模式，具体描述 4 组潜在类别社会参与的特征，并以此为依据为各个类别的社会参与命名。

表 4-6　社会参与潜在类别分析的各项指标

模型潜在类别数	L2	df	AIC	BIC	LMR-LRT p-value	BLRT p-value	Entropy
2	377.69	232	23146.02	23259.38	0.000	0.000	0.646
3	275.80	229	22964.41	23137.79	0.000	0.000	0.631
4	252.30	220	22914.56	23127.96	0.000	0.000	0.712
5	135.18	211	22970.21	23163.63	0.208	0.000	0.702
6	122.19	201	23875.94	23229.37	0.605	0.118	0.694

　　我们根据老年人参与各项活动条件概率的特点（见表 4-7），将第一类社会参与命名为"不愿参与"，顾名思义该组老年人参与各项活动的可能性都很低，就连参与可能性最高的"与朋友交往"，参与概率也只有 13.8%，而这类老年人的人数所占的比重却是最大的（53.5%），可见我国老年人整体参与社会活动的积极性并不高。第二种参与类型的老年人在前 6 项活动中均表现出较高的参与积极性，参与概率均高于 45%，由于参与形式呈现多元化的特点，因此将这种参与类型命名为"多样参与"，但这组老年人的比例在 4 组老年人中是最低的，仅为 1.6%。第三组为"人际互动"组，这一组老年人与朋友交往的可能性最高，为 53.9%，参与棋牌类活动的可能性也较高，为 34.0%，可以看出这组老年人的社会活动参与均以人际交往为主，因此命名为"人际互动"组。而第四组老年人在"帮助他人"这项活动中参与的可能性高达 90%，在"照顾病残"这项活动中的参与可能性也相对较高（19.4%），因此将此组社会参与类型命名为"帮助他人"。可以看出，除了"不愿参与"组老年人，其余大部分老年人"与

朋友交往"的比例都很高，因此命名时主要以其他活动的参与特点命名。图4-8直观地展示了老年人社会参与的分类结果以及各组所占的比重。

表 4-7　社会参与四种类型的概率（N=9449）

单位:%

社会活动参与指标	潜类别 1 不愿参与（53.5%）	潜类别 2 多样参与（1.6%）	潜类别 3 人际互动（36.2%）	潜类别 4 帮助他人（8.6%）
1. 与朋友交往	13.8	72.8	53.9	72.4
2. 棋牌类活动	00.0	47.2	34.0	32.6
3. 帮助他人	04.8	49.8	00.1	90.0
4. 跳舞、健身等	01.3	56.0	09.6	10.6
5. 社团组织	00.4	55.5	01.7	02.6
6. 志愿者活动	00.2	45.3	00.0	00.4
7. 照顾病残	01.0	20.0	01.2	19.4
8. 上学、培训	00.1	08.7	00.0	00.1

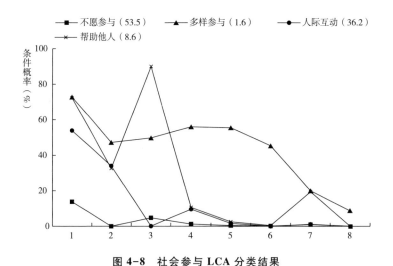

图 4-8　社会参与 LCA 分类结果

注：图中的横坐标轴为 CHARLS 问卷中反映社会活动参与的八项指标，各个指标具体名称详见表4-7。

综上所述，可以发现 2015 年调查的老年人的健康状况整体较为一般，社会参与的比例不高，且类型不够多样化。而老年人口健康与社会参与之间是否存在相关关系还需要做进一步的研究。

三　本章小结

我国老年人的整体健康状况一般，慢性病的患病率居高不下。自报患病率超过10%的几种慢性病依次是关节炎/类风湿、高血压病、消化系统疾病、心脏病、血脂异常和肺部疾病。同时老年人慢性病现象严重，有12.63%的老年人同时患有高血压病和关节炎/类风湿，有11.38%的老年人同时患有胃部疾病和关节炎/类风湿，有8.90%的老年人同时患有高血压病和心脏病，以上是共患疾病比例的前三位。根据虚弱指数法分别构建了反映我国老年人身体健康状况的身体虚弱指数和反映老年人心理健康状况的心理虚弱指数。

从虚弱指数的特征来看，老年人的身体虚弱指数随着年龄的增长而不断攀升，直至80岁以后放缓甚至呈现下降趋势。同时，身体虚弱指数呈现明显的性别差异和城乡差异，男性老年人的身体虚弱指数低于女性老年人，且男性老年人身体虚弱指数随年龄的增长明显比女性老年人要缓慢，也就是男性老年人的身体健康状况好于女性老年人，且老化速度较女性老年人慢。从城乡差异来看，城镇老年人的身体健康状况一直优于农村老年人，直至85岁之后高龄组农村老年人的健康状况反过来优于城镇老年人。老年人的心理虚弱指数处于一个在平稳中略有波动的状况，且同样存在性别和城乡差异。男性老年人的心理健康状况整体比女性老年人要好，城镇老年人的心理健康状况整体好于农村老年人。

整体来看，我国老年人社会参与的比例不高，有超过半数的老年人没有进行任何社会活动参与，且老年人参与社会活动的项目较为单一，不够多样化。参与比例最高的前3项活动分别为串门、跟朋友交往，打麻将、下棋、打牌、去社区活动室和向与您不在一起的亲人、朋友或邻居提供帮助。参与频率最高的前3项活动分别串门、跟朋友交往，打麻将、下棋、打牌、去社区活动室和跳舞、健身、练气功等。运用潜在类别分析法将老年人的社会参与分为四个类型，分别将其命名为"不愿参与"型、"多样参与"型、"人际互动"型以及"帮助他人"型。

第五章　老年人口健康和社会参与相关关系的描述性统计

为了对老年人口健康和社会参与的关系先有一个总体性的认识，本章首先对老年人口健康的各指标与社会参与之间的简单相关关系进行了描述性统计分析。

第一节　老年人口健康和社会参与的相关关系

一　老年人口健康和社会参与频率的相关关系

（一）自评健康和社会参与的相关关系

图 5-1 和图 5-2 为 2011 年、2013 年和 2015 年 3 个调查时点老年人自评健康和社会参与的简单相关关系。由图 5-1 可以看出，在每个调查时点，自评健康状况好的老年人进行社会参与的比例均比自评健康状况差的老年人高，3 个调查期平均高 5.35 个百分点，其中 2011 年差距最大，自评健康状况好的老年人比自评健康状况差的老年人社会参与的比例高出 7 个百分点。可见，在同一调查时点，自评健康状况好的老年人更有可能进行社会参与。

与此同时，从图 5-2 中可以看出，3 个调查时点上，进行社会参与的老年人比未进行任何社会参与的老年人自评健康状况好的比例分别高出 4.72 个百分点、3.29 个百分点和 3.24 个百分点，可见老年人自评健康与社会参与之间很可能存在着相互影响，同时卡方检验（p=0.000）也证明了自评健康状况与老年人是否进行社会参与之间并非相互独立，而是存在相互关联。

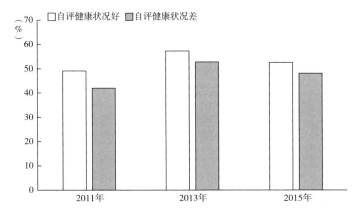

图 5-1 不同自评健康状况的老年人进行社会参与的比例

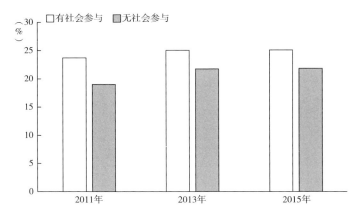

图 5-2 不同社会参与情况的老年人自评健康好的比例

此外，通过考察基期不同状态下的老年人在当期社会参与（或是自评健康）变化的差异能帮助我们更好地了解二者的关系。由表 5-1 可以看出，首先，将基期自评健康状况差的老年人分为基期有社会参与和无社会参与两类，看这两类老年人当期自评健康状况好的比例；其次，再将基期无社会参与的老年人分为基期自评健康状况好和自评健康状况差的老年人，比较这两类老年人在当期进行社会参与的比例。可以看出，对于基期自评健康状况差并且有社会参与的老年人，其在当期自评健康状况变为好的比例比基期没有任何社会参与的老年人分别高 1.82 个百分点和 1.15 个百分点，这说明进行社会参与的老年人其自评健康状况更有可能由差变好。与此同时，在基期无社会参与的老年人中，若基期自评健康状况好，那么其在当期进行社会参与的比例比基期自评健康状况差的老年人高 1.28 个百分点和 1.6 个百分点，说明良好的自评健康状况可能会促使老年人进行社会参与。

表 5-1 基期不同状态的子样本自评健康（或社会参与）在当期变化情况对比

单位：%

当期		基期自评健康状况差	
		基期有社会参与	基期无社会参与
自评健康状况好	2011—2013 年	17.75	15.93
	2013—2015 年	15.03	13.88
当期		基期无社会参与	
		基期自评健康状况好	基期自评健康状况差
有社会参与	2011—2013 年	36.69	35.41
	2013—2015 年	31.62	30.02

（二）日常活动能力和社会参与的相关关系

图 5-3 和图 5-4 为 3 个调查时点老年人社会参与和日常活动能力的简单相关关系。由图 5-3 可以看出，3 个调查时点中的每个调查时点，日常活动能力好的老年人进行社会参与的比例均高于日常活动能力差的老年人，即在同一调查时点，日常活动能力好的老年人更有可能进行社会参与。在 3 个调查时点日常活动能力好的老年人进行社会参与的比例分别比日常活动能力差的老年人高出 11.39 个百分点、9.65 个百分点和 8.86 个百分点，2011 年差距最大。

与此同时，从图 5-4 中可以看出，3 个调查时间点上，进行社会参与的老年人日常活动能力好的比例比未进行任何社会参与的老年人分别高出 10.4 个百分点、8.3 个百分点和 8.2 个百分点，说明社会参与和老年人日常活动能力之间可能存在着正相关关系。结合前文，说明老年人日常活动能力与社会参与之间很可能存在着相互影响，同时卡方检验（$p = 0.000$）也证明了日常活动能力与老年人是否进行社会参与之间存在相互关联。

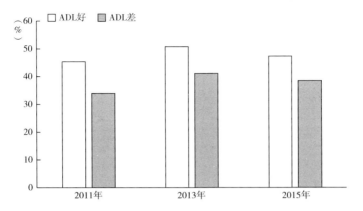

图 5-3　不同日常活动能力的老年人进行社会参与的比例

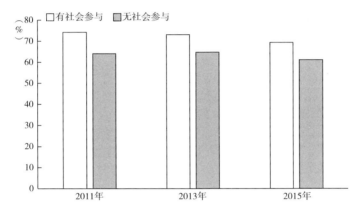

图 5-4　不同社会参与情况的老年人 ADL 的比例

此外，通过考察基期不同状态下的老年人在当期社会参与（或是ADL）变化的差异能帮助我们更好地了解二者的关系。由表 5-2 可以看出，首先，将基期 ADL 差的老年人分为基期有社会参与和无社会参与两个子样本，看这两类老年人当期 ADL 好的比例；其次，再将基期无社会参与的老年人分为基期 ADL 好和 ADL 差两个子样本，比较这两类老年人在当期进行社会参与的比例。可以看出，对于基期 ADL 差并且进行社会参与的老年人，其在当期 ADL 变为好的比例比基期没有任何社会参与的老年人在两个时期分别高 9.68 个百分点和 8.03 个百分点，这说明进行社会参与的老年人其 ADL 更有可能由差变好。与此同时，在基期无社会参与的老年人中，若基期 ADL 良好，那么其在当期进行社会参与的比例比基期 ADL 差的老年人在两个调查时点分别高 5.70 个百分点和 2.17 个百分点，说明良好的 ADL 可能会促使老年人进行社会参与。

表 5-2　基期不同状态的子样本 ADL（或社会参与）在当期变化情况对比

单位:%

当期		基期 ADL 差	
		基期有社会参与	基期无社会参与
ADL 好	2011—2013 年 2013—2015 年	65.14 55.62	55.46 47.59
当期		基期无社会参与	
		基期 ADL 好	基期 ADL 差
有社会参与	2011—2013 年 2013—2015 年	39.05 32.44	33.35 30.27

（三）抑郁情绪和社会参与的相关关系

图 5-5 和图 5-6 为 3 个调查时点老年人社会参与和抑郁情绪的简单相关关系。由图 5-5 可以看出，3 个调查时点中的每个调查时点，抑郁风险低的老年人进行社会参与的比例均高于抑郁风险高的老年人，即在同一调查时点，抑郁风险低的老年人更有可能进行社会参与。在 3 个调查时点抑郁风险低的老年人进行社会参与的比例分别比抑郁风险高的老年人高出 4.1 个百分点、9.4 个百分点和 8.5 个百分点，2013 年差距最大。

与此同时，从图 5-6 中可以看出，3 个调查时间点上，进行社会参与的老年人抑郁风险低的比例比未进行任何社会参与的老年人分别高出 3.7 个百分点、7.7 个百分点和 7.2 个百分点，说明进行社会参与的老年人比未进行任何社会参与的老年人抑郁风险要低。结合前文，说明老年人抑郁情绪与社会参与之间很可能存在着相互影响，同时卡方检验（ p = 0.000）也证明了抑郁情绪与老年人是否进行社会参与之间并非相互独立。

接下来，通过考察基期不同状态下的老年人在当期社会参与（或者抑郁

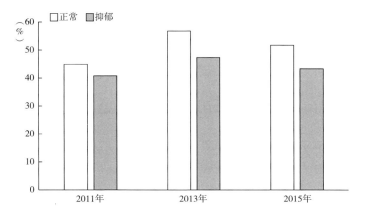

图 5-5 不同抑郁情绪的老年人进行社会参与的比例

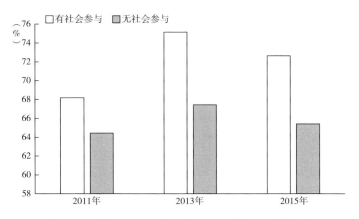

图 5-6 不同社会参与情况的老年人情绪良好的比例

情绪）变化的差异能帮助我们更好地了解二者的关系。由表 5-3 可以看出，首先，将基期抑郁风险高的老年人分为基期有社会参与和无社会参与两个子样本，比较这两类老年人当期抑郁风险低的比例；其次，再将基期无社会参与的老年人分为基期抑郁风险低和抑郁风险高两个子样本，比较这两类老年人在当期进行社会参与的比例。可以看出，对于基期抑郁风险高并且进行了社会参与的老年人，其在当期抑郁风险低的比例比基期没有进行任何社会参与的老年人在两个调查时期分别高出 1.36 个百分点和 1.73 个百分点，这说明进行社会参与的老年人其抑郁风险更有可能降低。与此同时，在基期无社会参与的老年人中，若基期抑郁风险较低，那么其在当期进行社会参与的比例比基期抑郁风险高的老年人在两个调查期分别高 1.1 个百分点和 2.7 个百分点，说明抑郁风险较低的老年人更有可能进行社会参与。

表 5-3　基期不同状态的子样本抑郁情绪（或社会参与）在当期变化情况对比

单位：%

当期		基期抑郁风险高	
		基期有社会参与	基期无社会参与
抑郁风险低	2011—2013 年 2013—2015 年	51.15 45.24	49.79 43.51

当期		基期无社会参与	
		基期抑郁风险低	基期抑郁风险高
有社会参与	2011—2013 年 2013—2015 年	36.86 31.72	35.76 29.02

（四）虚弱指数和社会参与的相关关系

表 5-4 列出了 2015 年反映老年人健康的各指标和社会参与频率的相关系数矩阵。首先可以看出老年人口健康各指标和社会参与频率之间均存在着显著的两两相关关系，自评健康、日常活动能力和认知能力得分越高的老年人社会参与的频率也就越高，抑郁情绪得分与社会参与频率呈负相关关系，抑郁情绪越高的老年人其社会参与的频率越低。而身体和心理虚弱指数与社会参与频率也呈显著的负相关关系，即身体和心理虚弱指数越高也就是健康状况不好的老年人其社会参与频率越低，而身体和心理虚弱指数越低即健康状况越好的老年人其社会参与的频率就越高。

其次，老年人口健康各因素之间也存在着显著的相关关系，自评健康和日常活动能力、认知能力之间存在着两两正相关关系，与抑郁情绪存在显著的负相关关系。也就是自评健康状况越好的老年人，其日常活动能力和认知能力也就越强，抑郁情绪越低。而综合反映老年人身体健康的身体虚弱指数和综合反映老年人心理健康的心理虚弱指数之间存在着显著的正相关关系，即身体健康状况好的老年人其心理健康状况也会较好，心理健康状况差的老年人其身体健康状况也会较差。

表 5-4　2015 年老年人口健康和社会参与频率的相关系数矩阵（N＝5817）

变量	1	2	3	4	5	6	7
1. 社会参与频率	1.000						
2. 自评健康	0.069 ***	1.000					
3. 日常活动能力	0.074 ***	0.254 ***	1.000				
4. 抑郁情绪	−0.121 ***	−0.363 ***	−0.292 ***	1.000			
5. 认知能力	0.219 ***	0.106 ***	0.164 ***	−0.238 ***	1.000		
6. 身体虚弱指数	−0.134 ***	−0.429 ***	−0.682 ***	0.424 ***	−0.335 ***	1.000	
7. 心理虚弱指数	−0.144 ***	−0.363 ***	−0.301 ***	0.993 ***	−0.341 ***	0.445 ***	1.000

注：*** 表示 p<0.000。

二　老年人口健康和社会参与类型的相关关系

首先，将各个健康指标视为类别变量分析不同健康水平下的老年人社会参与的类型有何差异。如表 5-5 所示，自评健康状况好的老年人中"多样参与"、"人际互动"和"帮助他人"型的比例均高于自评健康状况一般和自评健康状况差的老年人，同时自评健康状况好的老年人"不愿参与"的比例最低（49.34%）。卡方检验也证明了自评健康状况显著地影响着老年人社会参与的类型（p<0.001）。

从 ADL 来看，ADL 好的老年人中"多样参与"、"人际互动"及"帮助他人"型的比例均高于 ADL 差的老年人，"不愿参与"型的比例也比 ADL 差的老年人低。由此可见，ADL 好的老年人更愿意参与社会活动。独立性检验也说明了 ADL 和老年人社会参与类型之间的相互关联。

从抑郁风险来看，抑郁风险低的老年人中"多样参与"、"人际互动"和"帮助他人"型的比例分别比抑郁风险高的老年人高 0.74 个百分点、6.78 个百分点和 0.62 个百分点，而"不愿参与"类型的比例比抑郁风险高的老年人低 8.14 个百分点。说明抑郁风险低的老年人比抑郁风险高的老年人更愿意进行社会参与，同时卡方检验也证明了抑郁情绪会显著地影响老年人的社会参与类型（p<0.001）。

表 5-5　不同健康水平下的老年人社会参与类型的差异

单位：%

项目	社会参与类型				χ^2（p 值）
	1. 不愿参与	2. 多样参与	3. 人际互动	4. 帮助他人	
自评健康					
差	56.55	1.16	34.76	7.53	94.75
一般	53.38	1.72	36.28	8.61	<0.001
好	49.34	2.12	38.37	10.17	
日常活动能力					
差	57.3	1.13	34.11	7.46	15.68
好	51.75	1.98	37.64	8.63	0.001
抑郁风险					
低	51.03	1.86	38.32	8.79	49.04
高	59.17	1.12	31.54	8.17	<0.001
认知能力					
低	59.86	0.85	32.13	7.15	116.97
高	46.57	2.49	40.76	10.18	<0.001

从认知能力来看，认知能力高于平均水平的老年人其"多样参与"、"人际互动"，以及"帮助他人"型社会参与比例均高于认知能力低的老年人，尤其是在"多样参与"型下，认知能力低于平均水平的老年人比例仅有 0.85%。可以看出，认知能力与老年人的社会参与类型有明显的关联，卡方检验也证明了二者并非相互独立。图 5-7 也直观地为我们展示了不同健康状况的老年人社会参与类型的差异。

综上所述可以看出，健康状况越好的老年人其参与各项社会活动的比例也就越高，而健康状况相对较差的老年人则更多的为"不愿参与"型，这从一定程度上体现了健康对于老年人社会参与的作用，也体现了老年人健康状况对于社会参与的选择机制。健康状况的下降无疑会限制老年人的行动，从而影响其社会参与的范围和程度。

接下来，将健康各指标当作连续型变量时，运用单因素方差分析（ANOVA）检验不同类型的社会参与对老年人的各个健康指标以及身心虚

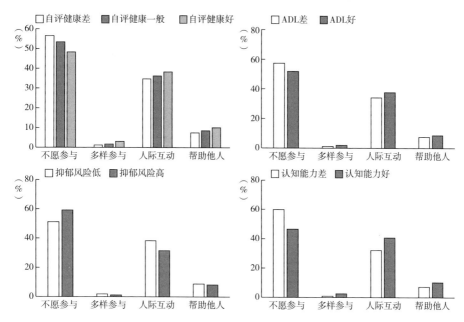

图 5-7　不同健康状况的老年人社会参与类型的差异

弱指数有无显著影响（见表 5-6）。具体来看，从不同社会参与类型老年人的自评健康状况可以明显看出，自评健康均值由高到低分别为"多样参与"组、"帮助他人"组、"人际互动"组和"不愿参与"组老年人，自评健康状况最好的为"多样参与"组老年人，其自评健康的均值比均值最低的"不愿参与"组高 0.26。F 检验值为 7.01，且 p 值小于 0.001，因此我们认为在 95% 的置信水平上，老年人的社会参与类型与其自评健康状况显著相关，即老年人的自评健康状况会由于其社会参与类型的不同而异，很显然，多样化的社会参与有利于老年人的自评健康状况。

从日常活动能力来看，各组均值相差不大，但依然是"多样参与"组老年人的 ADL 均值最高，然后依次是"帮助他人"组、"人际互动"组，"不愿参与"组老年人的 ADL 均值最低。从 F 检验的结果来看，p 值小于 0.001，同样拒绝了"社会参与类型对老年人日常活动能力没有显著影响"的原假设，即证明了社会参与类型显著地影响着老年人的日常活动能力，而多样化的社会活动参与显然有益于老年人的日常活动能力。

从抑郁情绪得分均值来看，"不愿参与"组老年人的抑郁情绪得分均值最高，也就是说"不愿参与"组老年人抑郁的风险更大，而"多样参与"组均值最低，两组之间均值相差 2.61。F 检验的值为 17.05，p 值小于 0.001，因此在 95% 的置信水平上，我们认为老年人的社会参与类型与其抑郁风险显著相关，即老年人的抑郁风险会由于其社会参与类型的不同而异，而多样化的社会参与能降低老年人的抑郁风险，无任何社会参与则无疑增加了老年人的抑郁风险。

从认知能力的均值来看，"多样参与"组老年人的认知能力均值明显高于其他组的老年人，然后依次是"帮助他人"组、"人际互动"组，"不愿参与"组老年人的认知能力均值最低，"多样参与"组老年人的认知能力均值比"不愿参与"组高出 3.728。从 F 检验的结果来看，F 值为 59.89，且 p 值小于 0.001，拒绝了"社会参与类型对老年人认知能力没有显著影响"的原假设，即证明了社会参与类型显著地影响着老年人的认知能力。

从老年人的身体虚弱指数来看，"不愿参与"组老年人的身体虚弱指数最高，之后是"人际互动"组、"帮助他人"组，"多样参与"组老年人的身体虚弱指数最低，与"不愿参与"组老年人身体虚弱指数之间相差 0.063。即在四种类型的社会参与中，"不愿参与"组老年人的身体健康状况最差，"多样参与"组老年人的身体健康状况最好。方差分析也证明了社会参与类型与老年人身体健康之间存在显著的关联。从老年人的心理虚弱指数来看，同样是"不愿参与"组老年人的心理健康状况最差，心理虚弱指数为四组老年人中最高，比心理虚弱指数最低的"多样参与"组老年人高出 0.101。可见，社会参与类型对老年人的心理健康状况有着显著的影响，方差分析也证明了社会参与类型对于老年人的心理健康状况有显著的影响（p<0.001）。

表 5-6　社会参与类型与老年人口健康的单因素方差分析

健康变量	社会参与类型				F 值	p 值
	不愿参与	多样参与	人际互动	帮助他人		
自评健康	2.913	3.168	2.990	3.068	7.01	<0.001
日常活动能力	23.006	23.531	23.258	23.276	8.76	<0.001

续表

健康变量	社会参与类型				F 值	p 值
	不愿参与	多样参与	人际互动	帮助他人		
抑郁情绪	8.890	6.284	7.781	7.842	17.05	<0.001
认知能力	9.146	12.874	10.356	10.972	59.89	<0.001
身体虚弱指数	0.159	0.096	0.137	0.118	30.31	<0.001
心理虚弱指数	0.335	0.234	0.296	0.295	24.01	<0.001

总之，"多样参与"型老年人的各项健康状况指标均比其他社会参与类型的老年人要好，同时"不愿参与"型老年人的各项健康指标状况均为四种类型中最差，这就可以初步看出社会参与类型对老年人健康状况的积极影响，越是进行社会参与的老年人，尤其是进行多样化社会参与的老年人，其各项健康指标越好。

第二节　老年人口健康和控制变量的分布

为了更准确地分析老年人口健康和社会参与之间的关系，还需要控制其他变量，我们将利用 T 检验、方差分析和列联表对老年人口健康和控制变量的两两关系、社会参与类型和控制变量间的两两关系进行简单的分析。

表 5-7 为 2015 年不同个体特征的老年人的身体和心理虚弱指数的均值。可以看出，男性老年人身体和心理虚弱指数的均值均低于女性老年人，即男性老年人的身心健康状况要好于女性老年人，T 检验也证明了老年人的身体和心理虚弱指数存在着显著的性别差异。

表 5-7　不同个体特征下老年人的健康状况

项目	身体虚弱指数	心理虚弱指数
性别		
女性	0.170 (0.129)	0.355 (0.211)
男性	0.123 (0.112)	0.276 (0.185)

续表

项目	身体虚弱指数	心理虚弱指数
年龄组		
60~69 岁	0.129（0.112）	<u>0.315（0.204）</u>
70~79 岁	0.172（0.133）	<u>0.319（0.202）</u>
80 岁及以上	<u>0.213（0.149）</u>	<u>0.314（0.194）</u>
婚姻状况		
无配偶	0.165（0.124）	0.358（0.211）
有配偶	0.141（0.122）	0.304（0.199）
受教育程度		
文盲	0.181（0.137）	0.368（0.208）
小学	0.139（0.116）	0.313（0.200）
初中	0.108（0.101）	0.248（0.178）
高中及以上	0.099（0.091）	0.210（0.154）
退休状况		
未退休	0.154（0.126）	0.336（0.205）
已退休	0.110（0.099）	0.224（0.164）

注：下划线部分表示差异不显著，其他均为 T 检验或者 ANOVA 检验显著，$p < 0.001$；括号内为标准差。

从年龄组来看，80 岁及以上组老年人的身体虚弱指数均值最高，60~69 岁组最低，可见老年人的身体健康状况随着年龄的增长而下降。方差分析也证明了年龄对于老年人身体健康存在着显著的影响。同时年龄对于老年人心理健康的影响并不显著。从婚姻状况来看，有配偶的老年人其身体和心理虚弱指数的均值都低于无配偶老年人，且 T 检验在 1% 的水平上显著，说明有配偶老年人的身心健康状况较好。从受教育程度来看，随着受教育程度的提高，老年人的身心虚弱指数均值也随之降低，可见受教育程度越高的老年人其身体和心理健康状况更好，方差分析也证明了受教育程度对老年人身心健康的显著影响。从退休情况来看，很显然已退休老年人的身体和心理健康状况均好于未退休老年人，这体现为已退休老年人身体和心理虚弱指数的均值低于未退休老年人，而 T 检验也证明了退休对老年人身体和心理健康存在的显著影响。

接下来，分别从环境、行为方式和社会经济因素三个方面来看控制变量与老年人健康状况的相关关系，如表5-8所示。从环境因素来看，城镇老年人的身体和心理虚弱指数的均值低于农村老年人，社区内有活动场所或设施的老年人的身体和心理虚弱指数的均值较低，即城镇、社区内有活动场所的老年人的身心健康状况较好。

表 5-8　不同环境、行为方式和社会经济因素下老年人的健康状况

项目		身体虚弱指数	心理虚弱指数
环境因素	城乡类型		
	农村	0.154（0.127）	0.337（0.204）
	城镇	0.132（0.115）	0.277（0.195）
	活动场所		
	无	0.164（0.136）	0.346（0.208）
	有	0.139（0.117）	0.303（0.199）
行为方式因素	吸烟		
	无	0.156（0.127）	0.324（0.205）
	有	0.122（0.108）	0.296（0.195）
	饮酒		
	无	0.161（0.129）	0.332（0.208）
	有	0.118（0.105）	0.284（0.189）
	体力活动		
	无	0.145（0.121）	<u>0.314（0.201）</u>
	有	0.136（0.112）	<u>0.312（0.203）</u>
社会经济因素	养老保险		
	无	0.152（0.125）	0.329（0.204）
	有	0.102（0.090）	0.206（0.194）
	照料支持		
	无	0.151（0.131）	0.326（0.208）
	有	0.140（0.114）	0.296（0.191）
	存款情况		
	无	0.161（0.130）	0.341（0.209）
	有	0.112（0.096）	0.260（0.179）

注：表中下划线部分表示差异不显著，其他均为T检验显著，$p < 0.001$；括号内为标准差。

从老年人的行为方式上来看，吸烟、饮酒的老年人身体和心理虚弱指数更低，T 检验也验证了吸烟、饮酒对于老年人身心健康的显著影响。定期进行体力活动的老年人身体健康状况更好，身体虚弱指数较低，而体力活动对于老年人心理健康的影响却不显著。从社会经济因素来看，与没有养老保险、没有照料支持和没有存款的老年人相比，有养老保险、有照料支持和有存款的老年人其身体和心理虚弱指数更低，身心健康状况更好，T 检验也验证了差异的显著性。

第三节　社会参与和控制变量的分布

表 5-9 显示了不同性别、年龄组、婚姻状况、受教育程度以及退休状况的老年人其社会参与类型的差异。从比例上看，男性老年人在"多样参与"和"帮助他人"这两种参与类型中的比例高于女性老年人，而女性老年人更倾向于"人际互动"型的社会参与，且女性老年人中"不愿参与"型比例略高于男性老年人。卡方检验的结果却并没有证实性别对老年人社会参与类型有显著的影响，即无论男性还是女性老年人在社会参与类型上没有显著差异。

从年龄组的异质性可以看出，"不愿参与"型老年人的比例在 60~69 岁组和 70~79 岁组没有较大差异，却在 80 岁及以上组时上升到 57.45%，这意味着随着年龄的增长，老年人越来越不愿意进行社会活动的参与，这符合脱离理论的观点，认为老年人身体机能逐渐衰退，社会参与的能力和意识也随之下降。[1] 此外，"多样参与"型老年人比例随年龄组的增大而下降的同时，"人际互动"型老年人的比例随之提升，可以看出，衰老使老年人参与社会的类型趋于单一，多样化参与的比例越来越低，而串门、与朋友交往之类的参与活动随之增加，这与老年人健康状况的下降密切相关，他们只能参与一些人际互动类的活动，而对于诸如向其他人提供帮

---

[1] Cumming E., Henry W. E. Growing old: the process of disengagement [M]. New York: Basic Books, 1961.

助、照料病人和亲友等需要较多体力的参与则无力为之，这体现在"帮助他人"型社会参与在 60~69 岁组的比例还在 9.49%，而到了 80 岁及以上组便下降到了 3.42%，这之间相差了近 2 倍。卡方检验的结果（ p = 0.000）也证实了年龄组的差异对老年人社会参与类型有显著的影响。从婚姻状况来看，无配偶老年人中"多样参与"、"人际互动"和"帮助他人"型社会参与比例均高于有配偶的老年人，其中"人际互动"型比例比有配偶老年人高出 6.02 个百分点。很显然，有配偶老年人中"不愿参与"型比例要高于无配偶老年人，卡方检验的结果（ p = 0.001）也证明了有无配偶与老年人的社会活动参与类型并非相互独立，而是显著相关。

从受教育程度的差异来看，老年人不同的受教育程度与社会参与类型显著相关，卡方检验的显著性水平为 0.000，拒绝了二者相互独立的原假设，也验证了这一点。具体来看，未受过任何教育的老年人其"不愿参与"型社会参与的比例显著高于其他组老年人，几乎是高中及以上组老年人的 2 倍。"多样参与"、"人际互动"和"帮助他人"三类社会参与的比例随着受教育程度的提高而依次提高，差距最为明显的是"多样参与"型和"帮助他人"型社会参与的老年人比例，高中及以上组分别是文盲老年人的 10 倍和 2 倍，而"人际互动"型社会参与也比文盲老年人高了 1.5 倍。这说明受教育程度在老年人社会参与类型上存在显著差异。

表 5-9　社会参与类型与个体特征因素的分布

单位:%

项目	社会参与类型				χ^2（p 值）
	1. 不愿参与	2. 多样参与	3. 人际互动	4. 帮助他人	
性别					
男	53.44	1.79	35.42	9.35	5.830
女	53.63	1.48	37.06	7.84	（0.120）
年龄组					
60~69 岁	53.36	1.81	35.33	9.49	28.347
70~79 岁	53.16	1.48	37.79	7.57	（0.000）
80 岁及以上	57.45	0.31	38.82	3.42	

续表

项目	社会参与类型				χ^2
	1. 不愿参与	2. 多样参与	3. 人际互动	4. 帮助他人	（p 值）
婚姻状况					
无配偶	48.82	1.67	40.94	8.74	16.765
有配偶	54.85	1.50	34.92	8.56	（0.001）
受教育程度					
文盲	60.92	0.51	31.84	6.73	206.90
小学	53.85	1.20	36.75	8.20	（0.000）
初中	44.69	3.95	39.75	11.60	
高中及以上	31.73	5.60	48.00	14.67	
退休状况					
未退休	58.20	1.11	34.45	6.24	22.899
已退休	52.07	1.80	36.88	9.25	（0.000）

从退休情况来看，已经退休的老年人参与各类社会活动的比例均高于未退休的老年人，未退休的老年人中有 58.2% 为"不愿参与"型，而已退休老年人该类的比例只有 52.07%，已退休老年人中"多样参与"、"人际互动"和"帮助他人"型社会参与的比例分别比未退休老年人高 0.69 个、2.43 个和 3.01 个百分点。卡方检验的结果（p＝0.000）也证明了是否退休与老年人的社会参与类型显著相关。图 5-8 帮助我们更直观地看到社会参与类型与老年人个体特征之间的关系。

接下来，我们继续从环境因素、行为方式和社会经济因素等几个方面来探讨不同老年人群体之间社会参与类型的差异。如表 5-10 所示，从环境因素来看，被调查老年人所属城乡类型为农村的，"不愿参与"型比例整体高于城镇老年人，而城镇老年人在"多样参与"、"人际互动"和"帮助他人"型社会参与的比例均高于农村老年人。卡方检验也证明了城乡差异显著存在。此外，从活动场所来看，所在社区有活动场所的老年人"多样参与"和"人际互动"型社会参与的比例均高于无活动场所的老年人，值得注意的是社区内无活动场所的老年人其"多样参与"的比例极低，仅为 0.76%，而"不愿参与"型占绝大部分，为 59.57%。卡方检验（p＝0.000）也证明了社区内有无活动场所与老年人的社会参与类型显著相关。从老年人的行为方式来看，吸烟的老年人中"人际互动"和"帮助

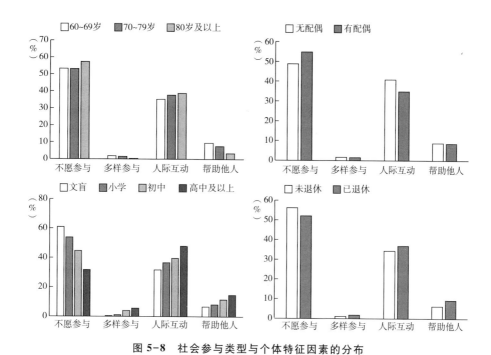

图 5-8 社会参与类型与个体特征因素的分布

他人"型社会参与的比例分别比不吸烟老年人高 2.5 个和 2.05 个百分点，而不吸烟的老年人"不愿参与"和"多样参与"型的比例分别比吸烟的老年人高 3.97 个和 0.57 个百分点。在饮酒的老年人当中，"多样参与"和"帮助他人"的比例较高，卡方检验也证明了吸烟和饮酒对老年人的社会参与类型有显著影响。

表 5-10 社会参与类型与控制变量的分布

单位:%

项目		社会参与类型				χ^2
		1. 不愿参与	2. 多样参与	3. 人际互动	4. 帮助他人	（p 值）
环境因素	城乡类型					
	农村	56.84	1.04	33.58	8.54	63.935
	城镇	47.60	2.69	41.01	8.70	（0.000）
	活动场所					
	无	59.57	0.76	31.01	8.66	45.992
	有	51.02	2.00	38.41	8.57	（0.000）

续表

项目		社会参与类型				χ^2
		1. 不愿参与	2. 多样参与	3. 人际互动	4. 帮助他人	（p 值）
行为方式因素	吸烟					13.664
	否	54.67	1.78	35.54	8.00	
	是	50.70	1.21	38.04	10.05	（0.003）
	饮酒					42.453
	否	54.92	1.29	36.67	7.12	
	是	50.80	2.32	35.34	11.54	（0.000）
社会经济因素	照料支持					18.628
	无支持	55.52	1.32	34.77	8.39	
	有支持	50.33	2.26	38.35	9.06	（0.000）
	养老保险					109.823
	无保险	55.67	1.30	35.00	8.04	
	有保险	36.04	4.47	46.89	12.60	（0.000）
	存款					69.420
	无存款	56.71	1.13	34.52	7.64	
	有存款	46.43	2.94	39.60	11.02	（0.000）

从社会经济因素来看，有照料支持的老年人为"不愿参与"型的比例比没有照料支持的老年人低 5.19 个百分点，而其他三种类型社会参与的比例均高于没有照料支持的老年人。卡方检验也证明了有无照料支持与老年人社会参与类型显著相关。在养老保险方面，从各个类型的社会参与比例来看，有养老保险的老年人"不愿参与"的比例较低，为 36.04%，比无养老保险的老年人低近 20 个百分点，而有养老保险的老年人中"多样参与"、"人际互动"和"帮助他人"型社会参与的比例比没有养老保险的老年人分别高 3.17 个百分点、11.89 个百分点和 4.56 个百分点，可以看出有无养老保险对老年人社会参与类型的显著影响，卡方检验也证明了这一点（p=0.000）。有存款的老年人中"多样参与"、"人际互动"和"帮助他人"型社会参与的比例均高于无存款的老年人，参与比例分别高出 1.81 个、5.08 个和 3.38 个百分点，而有存款的老年人其"不愿参与"比例较无存款老年人低 10.28 个百分点。这说明经济条件差的老年人进行社会参与的可能性较低。卡方检验也说明了有无存款与老年人社会参与类型

显著相关（p = 0.000）。图 5-9 向我们直观地展示了各个社会参与类型与环境、行为方式和社会经济因素的分布情况。

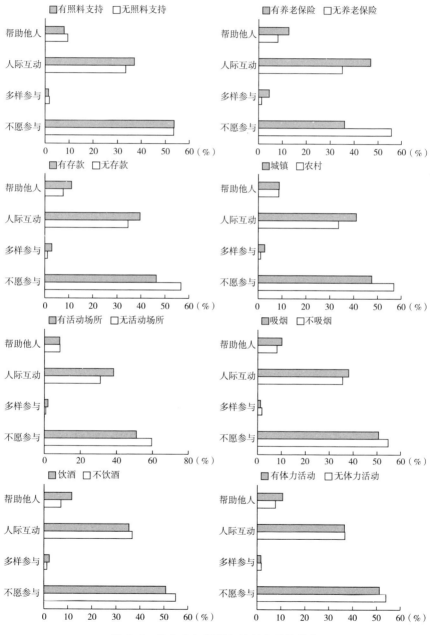

图 5-9 社会参与类型与控制变量的分布

本章小结

从有无社会参与来看，在分别考察了老年人有无社会参与和自评健康、日常活动能力以及抑郁情绪的简单相关关系后发现，社会参与和三个健康指标均具有显著的相关关系。在 3 个调查时点上，健康状况较好的老年人更有可能进行社会参与。与此同时，进行社会参与的老年人各健康指标更有可能由差变好，良好的健康状况可能会促使老年人进行社会参与。从社会参与频率来看，身心健康状况好的老年人社会参与的频率高，社会参与频率和老年人的身心虚弱指数呈负相关关系。

从各个健康指标和社会参与类型的两两相关分析来看，社会参与类型与老年人的自评健康、日常活动能力、抑郁情绪和认知能力均具有显著的相关关系。"多样参与"型老年人的各项健康指标均比其他社会参与类型的老年人要好，"不愿参与"型老年人的各项健康指标均为四种类型中最差，即进行多样化社会参与的老年人，其各项健康指标的状况更好。反过来看，健康状况越好的老年人其参与各项社会活动的比例也就越高，而健康状况相对较差的老年人则更多的为"不愿参与"型。

此外，不同个体特征、环境、行为方式和社会经济因素下老年人的身心健康和社会参与存在显著的差异。男性、有配偶、受教育程度高、已退休的老年人身体和心理健康状况较好，而年龄只对老年人身体健康有显著影响。所处环境较好的城镇老年人和社区内有活动场所的老年人身心健康状况较好，而吸烟、饮酒的老年人和不吸烟、不饮酒老年人的身心健康状况也存在显著的差异。拥有养老保险、社会支持的老年人以及经济条件较好的老年人身心健康较好。年龄、婚姻状况、受教育程度、退休状况、环境因素、行为方式和社会经济条件不同的老年人其社会参与类型存在差异。高龄组、有配偶、文盲、未退休的老年人"不愿参与"型的比例较高，农村、无活动场所、不吸烟、不饮酒、没有照料支持、没有养老保险和没有存款的老年人"不愿参与"型的比例更高。

综上所述，根据两两变量之间的相关性，我们可以初步观察到老年人口健康和社会参与之间的相关关系，但这并不能反映二者之间的真正关系以及关系的程度。因此接下来的第六章和第七章将运用定量分析重点考察在纳入个体特征、环境、行为方式以及社会经济因素作为控制变量的前提下，老年人口健康和社会参与的关系程度以及相互影响的大小。

第六章 老年人口健康对社会参与的影响实证

在进行回归分析之前，第五章已经对老年人口健康的各因素和社会参与之间的简单相关关系进行了描述性分析，在没有其他因素的影响下，初步证实了老年人口健康和社会参与之间的相关关系。接下来，本章将运用无序多分类模型分析老年人的身心健康对社会参与类型的影响，运用潜变量增长模型分析老年人身心健康对于社会参与频率的影响，以及老年人社会参与频率随着时间变化的趋势和老年人个体间差异。

第一节 老年人口健康对社会参与类型的影响

第四章通过潜在类别分析将每个老年人样本分别划分到四个类别之中，四个社会参与类型分别为：不愿参与（$y=1$）、多样参与（$y=2$）、人际互动（$y=3$）以及帮助他人（$y=4$）。可以看出被解释变量社会参与类型为多分类变量，因此本节将通过多项 Logit 回归模型研究老年人社会参与类型的影响因素，并重点关注老年人身心健康会对社会参与类型产生的影响。除了健康因素维度，模型还从个体特征因素、环境因素、行为因素以及社会经济因素四个维度来检验其对社会参与类型的影响。模型中以"不愿参与"型（$y=1$）为参照组。

一 老年人口健康对"多样参与/不愿参与"型的影响

当"社会参与类型 = 2"（$y=2$）时，构建如下方程模型：

$$Y = \log \frac{prob(y=2)}{prob(y=1)} = \alpha + \sum_{fi=1}^{2} \beta_{fi} X_{fi} + \varepsilon \tag{6-1}$$

$$Y = \log \frac{prob(y=2)}{prob(y=1)} = \alpha + \sum_{fi=1}^{2} \beta_{fi} X_{fi} + \sum_{ind=1}^{5} \beta_{ind} X_{ind} + \varepsilon \tag{6-2}$$

$$Y = \log \frac{prob(y=2)}{prob(y=1)} = \alpha + \sum_{fi=1}^{2} \beta_{fi} X_{fi} + \sum_{ind=1}^{5} \beta_{ind} X_{ind} + \sum_{env=1}^{2} \beta_{env} X_{env} + \sum_{beh=1}^{2} \beta_{beh} X_{beh} + \sum_{soc=1}^{3} \beta_{soc} X_{soc} + \varepsilon \tag{6-3}$$

其中 α 为方程的截距项，X_{fi} 表示反映老年人健康状况的身心虚弱指数（Frailty Index）的自变量及其个数，X_{ind} 表示反映老年人个体特征（individual）的自变量及个数，X_{env} 表示反映环境因素（environment）的变量及个数，X_{beh} 表示反映老年人行为因素（behavior）的变量及个数，X_{soc} 表示反映社会经济因素（socioeconomic）的变量及个数。β_{fi}、β_{ind}、β_{env}、β_{beh}、β_{soc} 分别表示各方程中与 X_{fi}、X_{ind}、X_{env}、X_{beh}、X_{soc} 相对应的回归系数。ε 为各个方程对应的误差项。

根据式（6-1），得出的估计结果如表 6-1 所示。模型 Ⅰ 显示了老年人口健康对社会参与类型更倾向于"多样参与"型还是"不愿参与"型的影响。由表中结果可以看出，无论是身体虚弱指数和心理虚弱指数对于老年人社会参与类型均有显著的影响。从身体健康状况来看身体虚弱指数每增加一个单位，老年人为"多样参与"型的可能性为"不愿参与"型的 0.01 倍，即身体健康状况差的老年人更可能成为"不愿参与"型。从心理健康状况来看情况类似，心理虚弱指数每增加一个单位，老年人为"多样参与"型的可能性会降低 85%，即心理健康状况差的老年人更不可能为"多样参与"型。

表 6-1 老年人口健康对"多样参与/不愿参与"型的影响分析（模型 Ⅰ）

变量	RRR	标准误	p 值
身体虚弱指数	0.010	0.014	0.001
心理虚弱指数	0.145	0.102	0.006
常数项	0.092	0.019	0.000
Log likelihood	-5639.881		
PseudoR^2	0.011		
样本量	5817		

注：表中 RRR 为相对风险比（relative risk ratio）。

根据公式（6-2），模型Ⅱ加入了个体特征因素，估计结果由表6-2所示。可以看出，在加入了个体特征因素之后，老年人心理健康的影响变得不再显著，身体虚弱指数低即身体健康状况好的老年人依然会更倾向于成为"多样参与"型，但影响的显著性水平由1%下降到了5%。相对于"不愿参与"型而言，男性老年人为"多样参与"型的可能性是女性老年人的0.61倍，即女性老年人更可能为"多样参与"型。在整个模型中，受教育程度对于老年人社会参与类型的影响系数最大，从受教育程度情况来看，受教育程度为小学、初中和高中及以上的老年人为"多样参与"型的可能性分别是文盲老年人的2.30倍、6.41倍和9.08倍，可以看出，受教育程度越高的老年人越有可能进行多样化的社会参与。这符合现代化理论的观点，现代化理论解释了随着社会的发展、科技的进步，老年人地位的下降，归根结底是由于老年人接受新知识、新技能的速度较慢，跟不上时代发展的步伐，而受教育程度较高的老年人其学习能力较强，因此相对于受教育程度低的老年人更能与时俱进，从而会更愿意参与各种各样的社会活动，在各种社会组织中寻找新的适合自己的社会角色。

表6-2　老年人口健康对"多样参与/不愿参与"型的影响分析（模型Ⅱ）

变量	RRR	标准误	p值
健康状况			
身体虚弱指数	0.041	0.060	0.029
心理虚弱指数	0.380	0.268	0.170
个体特征因素			
性别（女）	0.608	0.138	0.028
年龄组（60~69岁）			
70~79岁	0.866	0.218	0.567
80岁及以上	0.236	0.242	0.159
受教育程度（文盲）			
小学	2.298	0.865	0.027
初中	6.407	2.587	0.000
高中及以上	9.083	4.423	0.000
婚姻状况（无配偶）	0.631	0.172	0.091
退休状况（未退休）	2.800	0.695	0.000

续表

变量	RRR	标准误	p 值
常数项	0.033	0.015	0.000
Log likelihood	−5447.619		
PseudoR^2	0.034		
样本量	5817		

注：括号内为参照组，RRR 为相对风险比（relative risk ratio）。

从婚姻状况来看，与无配偶的老年人相比，已婚有配偶的老年人为"多样参与"型的可能性更低，这也许由于有配偶的老年人将更多的精力放到了照顾家庭上面，因此更难有精力和时间去进行多样化的社会参与。与未退休老年人相比，已退休老年人为"多样参与"型的可能性更大，这种可能性是未退休老年人的 2.8 倍，这是因为退休的老年人比未退休的老年人有更多的闲暇时间和精力去进行社会参与，并有退休金作为支持，没有经济上的压力。年龄对老年人社会参与为"多样参与"型还是"不愿参与"型没有显著影响。

根据公式（6-3），模型Ⅲ进一步加入了环境、行为和社会经济因素一系列控制变量。由表 6-3 的估计结果可以发现，身体健康对于老年人社会参与类型的影响依然显著，同样的，身体健康状况较差的老年人更倾向于成为"不愿参与"型，心理健康的影响依然不显著。同时，在加入了其他控制变量之后，各人口特征因素及身体健康因素的影响系数均有不同程度的下降。从环境因素来看，社区内有活动场所的老年人成为"多样参与"型的可能性更大，这种可能性是社区内无活动场所老年人的 2.08 倍。可见社区的活动设施对于老年人社会参与的重要性，可以想象诸如棋牌类、舞蹈、气功等社会活动是需要场地和设施的支持的，而许多老年人尤其是农村老年人所居住的社区其活动场地、娱乐设施是非常落后的，从而很难保证基本的文化娱乐活动的参与，就更别提进行多样化的社会参与了，若老年人所在的社区提供了活动场所或设施和服务，将大大提高老年人参与社会活动的积极性和参与程度。居住在城市还是农村对于老年人社会参与类型的倾向没有显著影响。

在行为因素中，与不饮酒的老年人相比，饮酒的老年人其社会参与类型偏向"多样参与"型的概率是"不愿参与"型的 1.76 倍，即饮酒的老年人其社会参与类型更可能为"多样参与"型。吸烟对老年人社会参与类型的选择倾向没有显著影响。

从社会经济因素来看，与没有照料支持、没有存款的老年人相比，有照料支持和有存款的老年人为"多样参与"型的可能性分别提高了 89% 和 90%，是否有养老保险的影响并不显著。这很好理解，我国目前仍以居家养老为主，对于没有照料支持且身体健康状况不好的老年人来说，当日常生活需要被照料而没有亲友能够提供照料支持时，他们连把自己照顾好都存在困难，更何况去参与社会活动，而对于那些没有照料支持但身体健康状况尚可的老年人来说，也许他们在为其他人提供照料支持因而参与社会活动的比例较低。

表 6-3　老年人口健康对"多样参与/不愿参与"型的影响分析（模型Ⅲ）

变量	RRR	标准误	p 值
健康状况			
身体虚弱指数	0.025	0.040	0.022
心理虚弱指数	0.581	0.437	0.470
个体特征因素			
性别（女）	0.603	0.171	0.074
年龄组（60~69 岁）			
70~79 岁	0.729	0.200	0.248
80 岁及以上	0.215	0.222	0.136
受教育程度（文盲）			
小学	2.162	0.855	0.051
初中	5.263	2.254	0.000
高中及以上	8.893	4.279	0.000
婚姻状况（无配偶）	0.728	0.217	0.287
退休状况（未退休）	2.066	0.675	0.026

续表

变量	RRR	标准误	p 值
环境因素			
城乡类型（农村）	1.273	0.341	0.369
活动场所（无）	2.080	0.715	0.033
行为因素			
吸烟（否）	0.623	0.183	0.106
饮酒（否）	1.760	0.443	0.025
社会经济因素			
养老保险（无）	1.007	0.326	0.984
照料支持（无）	1.890	0.436	0.006
存款情况（无）	1.667	0.391	0.029
常数项	0.010	0.006	0.000
Log likelihood	−4834.128		
PseudoR^2	0.043		
样本量	5817		

注：括号内为参照组，RRR 为相对风险比（relative risk ratio）。

老年人的存款情况从一定侧面反映了老年人家庭的经济状况，而经济状况则会直接影响老年人的社会参与情况。在中国，由于城乡二元体制的限制，城镇和农村老年人在经济方面存在较大的差距。城镇老年人可以领取退休金、有社保等保障，相比之下农村老年人则享受不到这些待遇。同时农村目前现存的养老保险制度存在保障水平低、管理和运作欠规范等不足，导致农村老年人的经济水平普遍低于城镇老年人，因而有很多老年人尤其是农村老年人迫于经济压力而不得不继续从事农业生产劳动或外出打工以维持最基本的日常生活。"老有所养"是老年人社会参与的基础，如果老年人连基本的吃饭、穿衣、医疗等问题都无法解决又怎么会有社会参与的想法呢。

二　老年人口健康对"人际互动/不愿参与"型的影响

当"社会参与类型=3"（$y=3$）时，构建如下方程模型：

$$Y = \log \frac{prob(y=3)}{prob(y=1)} = \alpha + \sum_{fi=1}^{2} \beta_{fi} X_{fi} + \varepsilon \tag{6-4}$$

$$Y = \log \frac{prob(y=3)}{prob(y=1)} = \alpha + \sum_{fi=1}^{2} \beta_{fi} X_{fi} + \sum_{ind=1}^{5} \beta_{ind} X_{ind} + \varepsilon \tag{6-5}$$

$$Y = \log \frac{prob(y=3)}{prob(y=1)} = \alpha + \sum_{fi=1}^{2} \beta_{fi} X_{fi} + \sum_{ind=1}^{5} \beta_{ind} X_{ind} + \sum_{env=1}^{2} \beta_{env} X_{env} + \sum_{beh=1}^{2} \beta_{beh} X_{beh} + \sum_{soc=1}^{3} \beta_{soc} X_{soc} + \varepsilon$$

$$\tag{6-6}$$

各个公式中参数的意义与上节相同，根据式（6-4）得出的估计结果如表6-4所示。模型Ⅰ显示了健康变量对老年人社会参与类型更倾向于"人际互动"型还是"不愿参与"型的影响。由回归结果可以看出，身体健康状况和心理健康状况对于老年人社会参与类型均有显著的影响。从身体健康状况来看，身体虚弱指数每增加一个单位，老年人为"人际互动"型的可能性是"不愿参与"型的0.38倍，即身体健康状况越差的老年人越有可能成为"不愿参与"型。从心理健康状况来看，心理虚弱指数每增加一个单位，老年人为"人际互动"型的可能性会降低52%，即心理健康状况越好的老年人越倾向于"人际互动"型的社会参与。

表6-4　老年人口健康对"人际互动/不愿参与"型的影响分析（模型Ⅰ）

变量	RRR	标准误	p值
身体虚弱指数	0.383	0.100	0.000
心理虚弱指数	0.482	0.076	0.000
常数项	0.981	0.054	0.731
Log likelihood	-5639.881		
PseudoR^2	0.011		
样本量	5817		

注：表中RRR为相对风险比（relative risk ratio）。

根据公式（6-5），模型Ⅱ在模型Ⅰ的基础上加入了个体特征因素。由表6-5的估计结果可以看出，老年人身体和心理健康的影响系数均有所上升，且显著性水平依然保持在1%。身体虚弱指数和心理虚弱指数低即健康状况好的老年人依然会更倾向于"人际互动"型的社会参与，身心虚弱指数越高即身心健康状况不好的老年人更易成为"不愿参与"型。从个体特征因素来看，男性老年人"人际互动"型社会参与的可能性比女性老年人低 26%，即女性老年人更可能进行"人际互动"型的社会参与，年龄对于老年人社会参与类型倾向的影响依然不显著。受教育程度为小学、初中和高中及以上的老年人"人际互动"型社会参与的可能性分别是文盲老年人的 1.36 倍、1.60 倍和 2.31 倍，也就是说受教育程度越高的老年人进行"人际互动"型社会参与的可能性也越大，即文盲老年人更有可能为"不愿参与"型。在婚姻状况中，与无配偶的老年人相比，已婚有配偶的老年人进行"人际互动"型社会参与的可能性降低 31%，即无配偶的老年人更倾向于"人际互动"型社会参与。与未退休老年人相比，已退休老年人进行"人际互动"型社会参与的可能性更大，这种可能性是未退休老年人的 1.62 倍。

表 6-5　老年人口健康对"人际互动/不愿参与"型的影响分析（模型 II）

变量	RRR	标准误	p 值
健康状况			
身体虚弱指数	0.387	0.108	0.001
心理虚弱指数	0.564	0.093	0.001
个体特征因素			
性别（女）	0.737	0.047	0.000
年龄组（60~69 岁）			
70~79 岁	1.093	0.072	0.181
80 岁及以上	1.062	0.139	0.646
受教育程度（文盲）			
小学	1.363	0.096	0.000
初中	1.598	0.163	0.000
高中及以上	2.305	0.333	0.000
婚姻状况（无配偶）	0.690	0.050	0.000
退休状况（未退休）	1.619	0.138	0.000
常数项	1.002	0.103	0.987
Log likelihood	−5447.619		
PseudoR^2	0.034		
样本量	5817		

注：括号内为参照组，RRR 为相对风险比（relative risk ratio）。

根据公式（6-6），模型Ⅲ进一步加入了环境、行为和社会经济因素等一系列变量。由表6-6的估计结果可以发现，身体和心理健康的影响系数继续提高，但影响的显著性水平下降，身体虚弱指数和心理虚弱指数越高的老年人"不愿参与"型的可能性越大，可见健康是老年人社会参与的前提和基础。同时，在加入了其他控制变量之后，年龄组的影响依然不显著。除此之外，婚姻状况的影响增大，其他各个体特征因素的影响系数均有不同程度上的下降，但影响的显著性水平未变。从环境因素来看，社区内有活动场所的老年人进行"人际互动"型社会参与的可能性是社区内无活动场所老年人的 1.20 倍，可见"人际互动"型的社会参与对活动场所和设施有一定的要求，社区内有活动场所和设施更便于老年人聚集在一起互相交流，尤其在城镇地区，社区是老年人的主要活动场所。城乡老年人社会参与类型的倾向没有差别。在行为因素中，与不吸烟的老年人相比，吸烟的老年人更倾向于"人际互动"型社会参与，可能吸烟的行为会使老年人找到拥有共同行为习惯的群体，更有利于彼此之间的交往。饮酒对老年人社会参与类型的倾向没有显著影响。从社会经济因素来看，与没有存款的老年人相比，有存款的老年人进行"人际互动"型社会参与的可能性提高17%，是否有养老保险和照料支持的影响并不显著，可以看出，经济条件更好的老年人进行"人际互动"型社会参与较多，从而在社会交往的过程中获得更多的社会资本。

表6-6 老年人口健康对"人际互动/不愿参与"型的影响分析（模型Ⅲ）

变量	RRR	标准误	p 值
健康状况			
身体虚弱指数	0.455	0.134	0.008
心理虚弱指数	0.622	0.111	0.007
个体特征因素			
性别（女）	0.655	0.053	0.000
年龄组（60~69 岁）			

续表

变量	RRR	标准误	p 值
70~79 岁	1.113	0.079	0.130
80 岁及以上	0.990	0.138	0.945
受教育程度（文盲）			
小学	1.256	0.094	0.002
初中	1.471	0.161	0.000
高中及以上	2.256	0.351	0.000
婚姻状况（无配偶）	0.717	0.057	0.000
退休状况（未退休）	1.404	0.165	0.004
环境因素			
城乡类型（农村）	1.085	0.079	0.263
活动场所（无）	1.201	0.085	0.010
行为因素			
吸烟（否）	1.275	0.100	0.002
饮酒（否）	1.027	0.075	0.717
社会经济因素			
养老保险（无）	1.181	0.160	0.220
照料支持（无）	1.101	0.073	0.144
存款情况（无）	1.168	0.083	0.029
常数项	0.750	0.010	0.030
Log likelihood	-4834.128		
PseudoR^2	0.043		
样本量	5817		

注：括号内为参照组，RRR 为相对风险比（relative risk ratio）。

三　老年人口健康对"帮助他人/不愿参与"型的影响

当"社会参与类型＝4"（$y = 4$）时，构建如下方程模型：

$$Y = \log \frac{prob(y=4)}{prob(y=1)} = \alpha + \sum_{fi=1}^{2} \beta_{fi} X_{fi} + \varepsilon \tag{6-7}$$

$$Y = \log \frac{prob(y=4)}{prob(y=1)} = \alpha + \sum_{fi=1}^{2} \beta_{fi} X_{fi} + \sum_{ind=1}^{5} \beta_{ind} X_{ind} + \varepsilon \tag{6-8}$$

$$Y = \log \frac{prob(y=4)}{prob(y=1)} = \alpha + \sum_{fi=1}^{2} \beta_{fi} X_{fi} + \sum_{ind=1}^{5} \beta_{ind} X_{ind} + \sum_{env=1}^{2} \beta_{env} X_{env} + \sum_{beh=1}^{2} \beta_{beh} X_{beh} + \sum_{soc=1}^{3} \beta_{soc} X_{soc} + \varepsilon$$

$$\tag{6-9}$$

根据公式（6-7）构建回归模型，得出的估计结果如表 6-7 所示。模型Ⅰ为只考虑健康状况时的估计结果。由结果可以看出，身体健康状况对于老年人社会参与类型有显著的影响。从身体健康状况来看，身体虚弱指数每增加一个单位，老年人为"帮助他人"型的可能性为"不愿参与"型的 0.047 倍，即身体健康状况较好的老年人更有可能为"帮助他人"型。而心理健康对于老年人社会参与类型是"帮助他人"型还是"不愿参与"型的影响并不显著。这比较好理解，对于身体健康状况较差的老年人来说，自己可能都还需要亲友的照料，又何谈去帮助他人，更说明身体健康是社会参与的前提和基础，有些特定类型的社会参与对身体健康状况是有要求的，身体健康状况不好会限制老年人社会参与的范围。

表 6-7 老年人口健康对"帮助他人/不愿参与"型的影响分析（模型Ⅰ）

变量	RRR	标准误	p 值
身体虚弱指数	0.047	0.025	0.000
心理虚弱指数	0.769	0.211	0.339
常数项	0.265	0.025	0.000
Log likelihood	−5639.881		
PseudoR^2	0.011		
样本量	5817		

注：RRR 为相对风险比（relative risk ratio）。

根据公式（6-8）构建回归模型，模型Ⅱ在模型Ⅰ的基础上加入了个体特征因素。由表 6-8 的估计结果可以看出，在加入了个体特征因素之后，依然是身体健康状况较好的老年人更倾向于"帮助他人"型社会参与，身体虚弱指数越高越倾向于"不愿参与"型。心理健康的影响依旧不显著。从个体特征因素来看，分年龄段，80 岁及以上的老年人进行"帮助他人"型社会参与的可能性是 60~69 岁老年人的 0.38 倍，即与低龄组老年人相比，高龄组的老年人更有可能成为"不愿参与"型。从受教育程度来看，受教育程度为小学、初中和高中及以上的老年人进行"帮助他人"型社会参与的可能性分别是文盲老年人的 1.24 倍、1.82 倍和 2.76 倍，即受教育程度越高的老年人其进行"帮助他人"型社会参与的可能性越大，这是由于受教育程度高的老年人有能力进行助人型参与，且愿意为社会做出更多贡献。在婚姻状况中，与无配偶的老年人相比，已婚有配偶的老年人进行"帮助他人"型社会参与的可能性降低33%，这也很好理解，有配偶的老年人其精力可能较多地放在照顾家庭上，帮忙照顾孙子女或许占用了老年人太多的休闲时间，使他们没有多余的精力和时间再去帮助他人。与未退休老年人相比，已退休老年人进行"帮助他人"型社会参与的可能性是未退休老年人的1.78倍。性别和年龄的影响并不显著。

表 6-8 老年人口健康对"帮助他人/不愿参与"型的影响分析（模型 II）

变量	RRR	标准误	p 值
健康状况			
身体虚弱指数	0.097	0.054	0.000
心理虚弱指数	0.974	0.279	0.927
个体特征因素			
性别（女）	0.906	0.098	0.363
年龄组（60~69 岁）			
70~79 岁	0.835	0.097	0.123
80 岁及以上	0.384	0.125	0.003
受教育程度（文盲）			
小学	1.238	0.157	0.092
初中	1.817	0.302	0.000
高中及以上	2.757	0.593	0.000
婚姻状况（无配偶）	0.675	0.083	0.001
退休状况（未退休）	1.784	0.238	0.000
常数项	0.240	0.043	0.000
Log likelihood	-5447.619		
PseudoR^2	0.034		
样本量	5817		

注：括号内为参照组，RRR 为相对风险比（relative risk ratio）。

根据公式（6-9），模型Ⅲ进一步加入了环境、行为和社会经济因素等一系列控制变量，结果如表6-9所示。在加入了一系列控制变量之后，身体健康对于老年人社会参与类型的影响依然显著且影响系数更大，身体虚弱指数每增加一个单位，老年人倾向于"帮助他人"型社会参与的可能性会降低86%，即身体健康状况较差的老年人更有可能为"不愿参与"型，心理健康的影响依然不显著。同时在加入了其他控制变量之后，性别的影响变为在1%水平下显著，与男性老年人相比，女性老年人的社会参与类型更可能为"帮助他人"型，这与中国的女性在家庭中所扮演的角色分不开。与60~69岁组老年人相比，80岁及以上的老年人更可能为"不愿参与"型，这与高龄老年人身体状况有关。受教育程度为小学的影响不再显著，高中及以上受教育程度的影响系数有所提高，其他大部分个体特征因素的影响系数均有不同程度的下降。从环境因素来看，与城镇老年人相比，农村老年人更有可能为"帮助他人"型社会参与，这可能是由于农村以地缘关系为基础的人际交往，使他们更愿意向不住在一起的亲人、朋友或者邻居提供帮助。社区内有活动场所对老年人社会参与类型是"帮助他人"型还是"不愿参与"型没有显著影响，这是由于"帮助他人"型社会参与不需要活动场所和设施作为基础。

在行为因素中，吸烟、饮酒的老年人比不吸烟、不饮酒的老年人"帮助他人"型的可能性更高，可见吸烟和饮酒行为使老年人更容易建立社会联系。从社会经济因素来看，与没有存款的老年人相比，有存款的老年人为"帮助他人"型的可能性提高了32%，显然经济基础较好的老年人更有可能为别人提供经济上或情感上的帮助。是否有养老保险或照料支持的影响不具有统计学意义。

表6-9　老年人健康状况对"帮助他人/不愿参与"型的影响分析（模型Ⅲ）

变量	RRR	标准误	p 值
健康状况			
身体虚弱指数	0.136	0.079	0.001
心理虚弱指数	0.970	0.298	0.921

续表

变量	RRR	标准误	p 值
个体特征因素			
性别（女）	0.618	0.087	0.001
年龄组（60~69 岁）			
70~79 岁	0.931	0.114	0.558
80 岁及以上	0.360	0.129	0.004
受教育程度（文盲）			
小学	1.185	0.159	0.207
初中	1.784	0.316	0.001
高中及以上	2.814	0.656	0.000
婚姻状况（无配偶）	0.678	0.091	0.004
退休状况（未退休）	1.492	0.284	0.035
环境因素			
城乡类型（农村）	0.797	0.103	0.081
活动场所（无）	1.067	0.128	0.592
行为因素			
吸烟（否）	1.256	0.163	0.079
饮酒（否）	1.582	0.188	0.000
社会经济因素			
养老保险（无）	1.347	0.283	0.155
照料支持（无）	1.137	0.127	0.247
存款情况（无）	1.315	0.152	0.018
常数项	0.198	0.045	0.000
Log likelihood	−4834.1282		
PseudoR^2	0.043		
样本量	5817		

注：括号内为参照组，RRR 为相对风险比（relative risk ratio）。

第二节　老年人口健康对社会参与频率的影响

在检验了老年人口健康对社会参与类型的影响之后，我们将进一步关注社会参与频率随时间变化的趋势，以及这种变化是否会受到健康的影响。首先构建无条件的潜变量增长模型，具体模型构建如下。

层一：
$$SP_{it} = \alpha_i + \beta_i \lambda_t + \xi_{it} \tag{6-10}$$

层二：
$$\alpha_i = \mu_\alpha + \xi_{\alpha i}$$
$$\beta_i = \mu_\beta + \xi_{\beta i}$$

在第一层水平方程中，SP_{it} 为被调查的老年人 i 在第 t 个时间点的社会参与频率；α_i 为截距，也就是被调查老年人个体 i 的初始状况；β_i 表示社会参与频率随着时间的变化速率，即斜率；λ_t 表示测量次数；ξ_{it} 为老年人个体 i 在时间点 t 的残差。在第二层水平方程中，μ_α 和 μ_β 分别为截距和斜率的均值，$\xi_{\alpha i}$ 和 $\xi_{\beta i}$ 分别为老年人个体 i 的截距、斜率的残差。

在了解了老年人社会参与频率总体变化趋势的基础上，进一步纳入随时间变化的因素，以考察老年人社会参与频率的变化轨迹是否受到健康因素的影响，即构建条件潜变量增长模型，具体模型构建如下。

层一：
$$SP_{it} = \alpha_i + \beta_i \lambda_t + \gamma_t FI_{it} + \xi_{it} \tag{6-11}$$

层二：
$$\alpha_i = \mu_\alpha + \xi_{\alpha i}$$
$$\beta_i = \mu_\beta + \xi_{\beta i}$$

在第一层水平模型中，FI_{it} 是被调查老年人个体 i 在时间点 t 的身体虚弱指数（或心理虚弱指数），γ_t 为第 t 个时间点上虚弱指数对社会参与频率的偏回归系数。其他参数的解释与无条件模型中一致。

接下来，在上述模型的基础上纳入不随时间变化的老年人个体特征因素，以考察老年人社会参与频率在初始水平以及变化速率上是否存在个体间差异，以及在控制了个体特征因素之后健康因素对老年人社会参与频率的影响是否依然显著，继续构建条件潜变量增长模型如下。

层一：
$$SP_{it} = \alpha_i + \beta_i \lambda_t + \gamma_t FI_{it} + \xi_{it} \tag{6-12}$$

层二：
$$\alpha_i = \mu_\alpha + \sum_{j=1}^{5} \eta_j Z_j + \xi_{\alpha i}$$
$$\beta_i = \mu_\beta + \sum_{j=1}^{5} \eta_j Z_j + \xi_{\beta i}$$

在第二层水平模型中，Z_j 代表包括性别、年龄、婚姻状况、受教育程度和城乡类型在内的老年人个体特征因素，η_j 是相对应的回归系数。其他参数的解释与上述模型相同。

接下来，首先根据式（6-10）构建无条件模型，数据的拟合指标如表6-10所示，根据普遍使用的拟合指数评价标准[①]，如果 RMSEA<0.06 且 CFI>0.95，则视为模型拟合良好，从表中可以看出无条件模型的各项指标均拟合良好。截距的均值即老年人社会参与频率的初始均值为 1.390（p<0.000），且在三次调查期间呈现递增趋势（斜率为 0.065，p<0.01）。此外，截距因子和斜率因子的方差估计分别为 1.478 和 0.218，且均在 0.001 的水平上显著，可以说明老年人个体的社会参与频率在初始水平及变化速率上均存在显著的个体间差异。同时，截距增长因子和斜率增长因子的相关系数为-0.246（p<0.01），这意味着老年人社会参与频率的增长变化率与初始水平存在显著的反向关系，即初始社会参与频率越高的老年人其社会参与频率变化的速度较慢。

表 6-10　老年人社会参与的线性无条件 LGM 模型的系数及拟合指标

χ^2（df）	CFI	RMSEA	增长因子均值		增长因子方差		相关系数
			截距	斜率	截距	斜率	
51.27（1）	0.96	0.05	1.390***	0.065**	1.478***	0.218***	-0.246**

注：**表示 p<0.01，***表示 p<0.000。

接下来，我们关注的是老年人身体健康和心理健康分别会对社会参与的频率产生怎样的预测作用，以及身体健康和心理健康同时变化又会对社会参与频率的变化产生怎样的影响。

一　身体健康对社会参与频率的影响

本部分在无条件模型的基础上纳入身体健康这一时间变异因素，以考

---

① McArdle, J. J., & Nesselroade, J. R. Longitudinal data analysis using structural equation models [M]. Washington DC：APA Books, 2014.

察老年人社会参与频率的变化轨迹是否受到身体健康的影响。根据式
（6-11）构建随时间变化的条件 LGM 模型 I 。

由表 6-11 的估计结果可以看出，模型各项指标的拟合情况良好。从
模型 I 的估计结果可以看出，身体虚弱指数均对同时期老年人的社会参与
频率产生了显著的预测作用（p<0.000），影响方向为负，也就是随着身体
虚弱指数的升高，老年人社会参与的频率也会不断下降，即老年人的身体
健康状况越差，社会参与的频率也就越低。从影响系数的大小来看，3 个
调查时点的影响系数呈现先下降后上升的趋势，且在 T2 时点上的影响系
数最大。

表 6-11　身体健康影响老年人社会参与频率的 LGM 模型（模型 I）

变量	系数	标准误	p 值
T0			
身体虚弱指数	-0.114	0.016	0.000
T1			
身体虚弱指数	-0.078	0.014	0.000
T2			
身体虚弱指数	-0.160	0.016	0.000
模型适配度			
参数个数	11		
χ^2	25.229		
RMSEA	0.028		
CFI	0.986		

根据式（6-12）构建条件 LGM 模型 II，模型 II 在模型 I 的基础上纳
入了不随时间变化的老年人个体特征因素，以考察老年人的社会参与频率
在初始水平以及变化速率上是否存在个体间差异，以及在控制了个体特征
因素之后身体健康对老年人社会参与频率的影响是否依然显著。回归结果
如表 6-12 所示，可以看出，身体健康对社会参与变化的预测作用较模型
I 有明显的下降，但依然在 1% 的水平上显著且影响方向未变，即身体虚
弱指数与老年人的社会参与频率依然呈显著的负相关关系。

从个体特征因素来看，不同性别、年龄、婚姻状况、受教育程度和城

乡类型的老年人在社会参与频率的初始水平上均存在显著差异。具体来看，女性老年人比男性老年人社会参与频率的初始水平高。年龄大的老年人初始社会参与频率较低，这符合脱离理论的观点，认为老年人身体机能逐渐衰退，社会参与的能力和意识也随之下降。[①] 与有配偶老年人相比，无配偶老年人初始的社会参与频率较高，受教育程度高的老年人其初始的社会参与频率更高。与农村老年人相比，城镇老年人社会参与频率的初始水平较高，这可能与我国城乡二元结构有关，目前我国的养老保障水平尤其是农村地区还较低，加上我国的家庭结构及代际关系已经发生了明显的转变，老年人从子女那里得到的经济支持变少，导致农村老年贫困问题增多，因此老年人在养老还有后顾之忧的情况下又何谈进行社会参与。

从影响社会参与变化的速率来看，年龄对社会参与频率变化的速率有显著的负向预测作用，即年龄越大的老年人其社会参与频率的增长速度越慢；受教育程度对社会参与频率的变化速率则有显著的正向预测作用，即受教育程度越高的老年人其社会参与频率增长的速度越快，且二者对社会参与频率变化的影响均在5%的水平上显著。

表 6-12　身体健康影响老年人社会参与频率的 LGM 模型（模型 Ⅱ）

变量	系数	标准误	p 值
T0			
身体虚弱指数	-0.105	0.016	0.000
T1			
身体虚弱指数	-0.061	0.014	0.000
T2			
身体虚弱指数	-0.136	0.016	0.000
截距			
性别	-0.087	0.027	0.001
年龄	-0.055	0.026	0.039
婚姻状况	-0.061	0.026	0.019
受教育程度	0.225	0.028	0.000
城乡类型	0.134	0.026	0.000

① Cumming E., Henry W. E. Growing old: the process of disengagement [M]. New York: Basic Books, 1961.

变量	系数	标准误	p 值
斜率			
性别	-0.003	0.045	0.941
年龄	-0.131	0.048	0.006
婚姻状况	-0.064	0.044	0.149
受教育程度	0.103	0.048	0.031
城乡类型	-0.061	0.043	0.155
模型适配度			
参数个数	21		
χ^2	26.599		
RMSEA	0.019		
CFI	0.990		

二 心理健康对社会参与频率的影响

上一部分描述了老年人身体健康对社会参与频率的影响，接下来进一步分析老年人心理健康对于社会参与频率的预测作用。类似地，首先在无条件模型的基础上仅纳入心理健康这一时间变异因素，以考察老年人社会参与频率的变化轨迹是否受到心理健康的影响。根据式（6-11）构建随时间变化的条件 LGM 模型Ⅲ。

由表 6-13 的估计结果可以看出，模型Ⅲ的卡方检验 p 值均小于0.000，RMSEA<0.06 且 CFI>0.95，即模型的拟合情况良好。在每个时点上，老年人的心理虚弱指数越低，其社会参与频率就越高，即老年人的心理越健康其社会参与的频率也就越高。从影响系数的大小来看，三个调查时点的影响系数呈现先下降后上升的趋势，且在初始水平上的影响系数最大。

表 6-13　心理健康影响老年人社会参与频率的 LGM 模型（模型Ⅲ）

变量	系数	标准误	p 值
T0			
心理虚弱指数	-0.126	0.016	0.000
T1			
心理虚弱指数	-0.057	0.012	0.000
T2			
心理虚弱指数	-0.124	0.016	0.000
模型适配度			
参数个数	11		
χ^2	51.403		
RMSEA	0.045		
CFI	0.965		

根据式（6-12）构建条件 LGM 模型Ⅳ，模型Ⅳ在模型Ⅲ的基础上加入了不随时间变化的老年人个体特征因素，回归结果如表 6-14 所示。可以看出，心理健康对老年人社会参与频率的预测作用比模型Ⅲ中明显下降。从个体特征因素来看，与身体健康对社会参与频率的影响相同，不同性别、年龄、婚姻状况、受教育程度和城乡类型的老年人在社会参与频率的初始水平上均存在显著差异，且女性、年龄大、无配偶、受教育程度高、居住地为城镇的老年人初始社会参与的频率更高。从影响社会参与频率变化的速率来看，同模型Ⅱ类似，依然是年龄和受教育程度两个因素对社会参与频率变化的速率有显著的预测作用。

表 6-14　心理健康影响老年人社会参与频率的 LGM 模型（模型Ⅳ）

变量	系数	标准误	p 值
T0			
心理虚弱指数	-0.107	0.016	0.000
T1			
心理虚弱指数	-0.038	0.012	0.002
T2			
心理虚弱指数	-0.098	0.016	0.000

续表

变量	系数	标准误	p 值
截距			
性别	−0.078	0.028	0.005
年龄	−0.047	0.026	0.076
婚姻状况	−0.074	0.027	0.005
受教育程度	0.221	0.029	0.000
城乡类型	0.131	0.026	0.000
斜率			
性别	0.006	0.044	0.893
年龄	−0.130	0.044	0.003
婚姻状况	−0.047	0.042	0.259
受教育程度	0.108	0.047	0.020
城乡类型	−0.069	0.042	0.104
模型适配度			
参数个数	21		
χ^2	38.089		
RMSEA	0.026		
CFI	0.982		

模型 V（表 6-15）同时考虑了身体健康和心理健康因素对社会参与频率的影响。可以看出，与模型 II 相比，在加入了心理健康因素之后，身体健康在三个时点上对社会参与频率的预测作用均有不同程度的降低，且在 T0 和 T1 时点上影响的显著性水平下降。从老年人个体特征看，不同性别、年龄和婚姻状况的老年人在社会参与频率初始水平上的差异增大，但显著性水平和影响方向未变，不同受教育程度和城乡类型的老年人在社会参与频率初始水平上的差异略有减小，但依然在 1% 的水平上显著。对社会参与频率变化速率的影响依然只有年龄和受教育程度两个因素显著，且在影响方向和显著性水平上与模型 II 没有显著差异。

与模型 IV 相比，在加入了身体健康因素之后，心理健康对社会参与频率的影响系数变小，且在 T1 和 T2 时点上的显著性水平降低。从个体特征因素来看，不同性别、年龄的老年人在社会参与频率初始水平上的差异增大，且年龄影响社会参与频率的显著性水平提高为在 5% 水平上显著。而不同婚姻状况、受教育程度和城乡类型的老年人在社会参与频率的初始水平上的差异略有减小，但显著性水平均未改变。对社会参与频度的变化速率的影响依然只有年龄和受教育程度两个因素显著，年龄的影响系数降低，受教育程度的影响系数略有升高，但显著性水平均未改变。

表 6-15　心理健康影响老年人社会参与频率的 LGM 模型（模型 V）

变量	系数	标准误	p 值
T0			
身体虚弱指数	-0.052	0.019	0.005
心理虚弱指数	-0.091	0.018	0.000
T1			
身体虚弱指数	-0.060	0.018	0.001
心理虚弱指数	-0.027	0.015	0.082
T2			
身体虚弱指数	-0.107	0.018	0.000
心理虚弱指数	-0.053	0.018	0.003
截距			
性别	-0.088	0.028	0.002
年龄	0.059	0.027	0.026
婚姻状况	-0.073	0.027	0.006
受教育程度	0.214	0.029	0.000
城乡类型	0.129	0.026	0.000
斜率			
性别	-0.004	0.045	0.924
年龄	-0.120	0.046	0.008
婚姻状况	-0.049	0.043	0.253
受教育程度	0.109	0.048	0.024
城乡类型	-0.066	0.043	0.123
模型适配度			
参数个数	24		
χ^2	47.447		
RMSEA	0.023		
CFI	0.980		

三 不同群体老年人健康对社会参与频率的影响

（一）不同群体老年人的身体健康对社会参与频率影响的异质性

前两部分分别描述了身体健康和心理健康对社会参与频率的影响，但同样需要分析老年人群体内部的差异。因此本部分重点关注不同性别、城乡类型的老年人个体其社会参与频率的发展趋势是否存在差异，以及不同群体其健康状况对社会参与频率影响的异同。本部分采用分组的方法运用多组增长模型分别估计不同群体老年人身体健康和心理健康对社会参与频率的影响。

表 6-16 首先关注的是分性别、城乡类型的老年人口身体健康对于社会参与频率变化的影响是否存在显著差异。分性别的模型拟合指标 RMSEA <0.06，CFI>0.95，卡方检验 p<0.01，各项拟合指标显示模型拟合情况良好。从男性和女性老年人的差异来看，在 3 个调查时点上，女性老年人身体健康对当期社会参与频率的影响系数均大于男性老年人，可以说明身体健康对于女性老年人社会参与频率的影响更明显。而从社会参与频率初始水平的差异来看，不同年龄的男性老年人其社会参与频率的初始水平差异较大，而女性老年人社会参与频率的初始水平则无显著的年龄差异。婚姻状况对于女性老年人社会参与频率的初始水平有着显著的负向影响，即有配偶的女性老年人初始的社会参与频率较低，婚姻状况对于男性老年人的影响则并不显著。这是由于在我国传统的家庭中，女性老年人扮演承担家务劳动和照料子女的主要角色，这占用了女性老年人大量的时间和精力，而男性老年人则有更多的闲暇时间进行社会参与。从社会参与频率的变化斜率来看，年龄对男性老年人社会参与频率的变化斜率有显著的负向影响，即年龄越大的男性老年人其社会参与频率的变化速率越慢，身体衰老使男性老年人在参与社会活动时受到了限制。而对于女性老年人而言，只有城乡类型这一因素的影响在 10% 的水平上显著。

表 6-16　分性别、城乡类型的老年人口身体健康对社会参与频率变化的影响

变量	性别		城乡类型	
	男性	女性	城镇	农村
T0				
身体健康	-0.085 ***	-0.119 ***	-0.156 ***	-0.073 ***
	(0.023)	(0.022)	(0.029)	(0.020)
T1				
身体健康	-0.050 **	-0.066 ***	-0.084 ***	-0.046 ***
	(0.020)	(0.019)	(0.025)	(0.017)
T2				
身体健康	-0.136 ***	-0.139 ***	-0.136 ***	-0.134 ***
	(0.023)	(0.022)	(0.029)	(0.019)
截距				
性别			-0.106 **	-0.058 *
			(0.049)	(0.033)
年龄	0.085 **	0.023	0.055	0.050
	(0.036)	(0.039)	(0.047)	(0.033)
婚姻状况	-0.023	-0.102 ***	-0.113 **	-0.031
	(0.035)	(0.038)	(0.048)	(0.032)
受教育程度	0.166 ***	0.272 ***	0.338 ***	0.132 ***
	(0.037)	(0.039)	(0.052)	(0.035)
城乡类型	0.144 ***	0.116 ***		
	(0.036)	(0.037)		
斜率				
性别			0.046	-0.040
			(0.091)	(0.054)
年龄	-0.156 **	-0.105	-0.261 **	-0.080
	(0.060)	(0.081)	(0.121)	(0.054)
婚姻状况	-0.039	-0.089	0.107	-0.141 **
	(0.055)	(0.076)	(0.094)	(0.055)
受教育程度	0.082	0.116	0.132	0.095 *
	(0.057)	(0.077)	(0.099)	(0.054)
城乡类型	-0.014	-0.131 *		
	(0.055)	(0.076)		
模型适配度				
参数个数	38	38	38	38
χ^2	10.731	26.745	14.799	25.588
RMSEA	0.018	0.018	0.022	0.022
CFI	0.992	0.992	0.987	0.987

注：括号内为标准误；* 表示 p<0.10，** 表示 p<0.05，*** 表示 p<0.000。

从分城乡类型的模型来看，首先模型拟合良好，身体健康对城镇老年人社会参与的影响系数在每个调查时点上均大于对农村老年人的影响系数。城镇老年人和农村老年人初始社会参与频率均存在着显著的性别和受教育程度差异，且性别和受教育程度对城镇老年人的影响更大，除此之外，城镇老年人社会参与频率的初始水平还存在着显著的婚姻状况差异，这种差异在农村老年人中并未体现出来。对于城镇老年人社会参与频率的变化斜率的影响仅有年龄这一个因素在5%的水平上显著，而婚姻状况和受教育程度同时影响着农村老年人的社会参与频率的变化速率。

（二）不同群体老年人的心理健康对社会参与频率影响的异质性

表6-17展示了不同性别、城乡类型下的老年人群体心理健康对社会参与频率变化的影响，模型拟合情况良好。与身体健康对社会参与频率的影响不同的是，在T0和T1调查时点上心理健康对当期男性老年人社会参与频率的影响大于女性老年人，在T2时点上则相反。不随时间变动的个体特征因素对不同性别的老年群体的社会参与频率初始水平的影响与表6-16中的分性别的模型相同，均是年龄、受教育程度和城乡类型对男性老年人的初始社会参与频率有显著影响，而婚姻状况、受教育程度和城乡类型则对女性老年人初始社会参与频率有显著影响。年龄和受教育程度对男性老年人社会参与频率的变化速率有着显著的预测作用，而城乡类型对女性老年人社会参与频率的变化速率有显著的负向预测作用。

表6-17 分性别、城乡类型的老年人口心理健康对社会参与频率变化的影响

变量	性别		城乡类型	
	男性	女性	城镇	农村
T0				
心理健康	-0.118 ***	-0.094 ***	-0.152 ***	-0.082 ***
	(0.023)	(0.022)	(0.029)	(0.020)
T1				
心理健康	-0.041 **	-0.035 **	-0.062 ***	-0.024 *
	(0.017)	(0.017)	(0.022)	(0.014)

续表

变量	性别		城乡类型	
	男性	女性	城镇	农村
T2				
心理健康	-0.072***	-0.118***	-0.112***	-0.091***
	(0.023)	(0.022)	(0.028)	(0.019)
截距				
性别			-0.093*	-0.050
			(0.051)	(0.035)
年龄	0.093**	-0.004	0.040	0.048
	(0.036)	(0.039)	(0.047)	(0.033)
婚姻状况	-0.029	-0.125***	-0.139***	-0.038
	(0.036)	(0.039)	(0.049)	(0.033)
受教育程度	0.151***	0.227***	0.327***	0.131***
	(0.037)	(0.040)	(0.053)	(0.035)
城乡类型	0.138***	0.114***		
	(0.037)	(0.038)		
斜率				
性别			0.054	-0.025
			(0.092)	(0.052)
年龄	-0.169***	-0.088	-0.260**	-0.084*
	(0.058)	(0.070)	(0.118)	(0.049)
婚姻状况	-0.025	-0.065	0.143	-0.127**
	(0.054)	(0.068)	(0.098)	(0.052)
受教育程度	0.105*	0.096	0.167	0.088
	(0.057)	(0.071)	(0.106)	(0.053)
城乡类型	-0.007	-0.151**		
	(0.054)	(0.074)		
模型适配度				
参数个数	38	38	38	38
χ^2	17.692	25.175	25.154	32.962
RMSEA	0.024	0.024	0.032	0.032
CFI	0.986	0.986	0.972	0.972

注：括号内为标准误；* 表示 $p<0.10$，** 表示 $p<0.05$，***表示 $p<0.000$。

从分城乡类型的模型来看，模型拟合指标 RMSEA<0.06，CFI>0.95，卡方检验 p<0.01，可以看出各项拟合指标的拟合情况均良好。心理健康在3个调查时点上对当期城镇老年人社会参与频率的影响系数均大于对农村老年人的影响，也就是说心理健康状况的好坏对于城镇老年人是否进行社会参与有更大的影响。从个体特征因素对城镇老年人初始社会参与频率的影响来看，性别、婚姻状况和受教育程度这几个因素对社会参与频率的初始水平有显著影响，而农村老年人社会参与频率初始水平的影响因素中，只有受教育程度显著。年龄对于城镇和农村老年人社会参与频率的变化速率均有显著的负向预测作用，且对于城镇老年人的预测作用更大。除此之外，婚姻状况即是否有配偶仅对于农村老年人社会参与频率的变化速率有显著的负向预测作用。

本章小结

本章分别从健康影响社会参与类型和健康影响社会参与频率两方面验证了老年人口健康对社会参与影响的大小和方向。

从健康对于老年人社会参与类型的影响来看，在不考虑其他控制因素的情况下，老年人的身体虚弱指数每增加一个单位，老年人为"多样参与"型的可能性降低99%，为"人际互动"型的可能性降低62%，为"帮助他人"型的可能性降低95%。心理虚弱指数每增加一个单位，老年人为"多样参与"型、"人际互动"型和"帮助他人"型的可能性分别降低86%、52%和23%。从控制变量来看，男性、受教育程度低、有配偶、未退休、没有存款的老年人成为"不愿参与"型的可能性更大。

从健康对老年人社会参与频率的影响来看，首先，老年人的社会参与频率在初始水平和变化速率上均存在显著的个体间差异，而社会参与频率的增长变化率与初始水平之间存在着显著的反向关系，即初始时社会参与频率越高的老年人其社会参与频率的增长越慢。身体虚弱指数和心理虚弱指数越高的老年人社会参与频率越低，即身体健康状况和心理健康状况差的老年人较少进行社会参与。不同性别、年龄、婚姻状况、受教育程度和城乡类型的老年人在社会参与频率的初始水平上均存在着显著的差异。年龄对老年人社会参与频率的变化速率有显著的负向影响，受教育程度对变化速率有显著的正向预测作用。

第七章 社会参与对老年人口健康的影响实证

第六章已经验证了老年人口健康对社会参与的类型和频率均存在着显著影响，根据本研究的理论框架，老年人口健康和社会参与之间是相互影响的关系，因此接下来本章继续从社会参与的类型和频率两方面详细论证社会参与对老年人口健康影响的大小和方向，并试图探讨不同社会参与类型对老年人身心健康产生的影响差异，以及社会参与频率越高的老年人其健康状况是否也会越好。

第一节 社会参与类型对老年人口健康的影响

本节关注的是社会参与类型对老年人口健康的影响，由于被解释变量均为连续性数据，因此本节选用多元线性回归，分别构建回归方程如下。

$$Y = \beta_0 + \beta_1 X_1 + \beta_2 X_2 + \beta_3 X_3 + \varepsilon \tag{7-1}$$

$$Y = \beta_0 + \beta_1 X_1 + \beta_2 X_2 + \beta_3 X_3 + \sum \beta_{ind} X_{ind} + \varepsilon \tag{7-2}$$

$$Y = \beta_0 + \beta_1 X_1 + \beta_2 X_2 + \beta_3 X_3 + \sum \beta_{ind} X_{ind} + \sum \beta_{env} X_{env} + \varepsilon \tag{7-3}$$

$$Y = \beta_0 + \beta_1 X_1 + \beta_2 X_2 + \beta_3 X_3 + \sum \beta_{ind} X_{ind} + \sum \beta_{env} X_{env} + \sum \beta_{beh} X_{beh} + \varepsilon \tag{7-4}$$

$$Y = \beta_0 + \beta_1 X_1 + \beta_2 X_2 + \beta_3 X_3 + \sum \beta_{ind} X_{ind} + \sum \beta_{env} X_{env} + \sum \beta_{beh} X_{beh} + \sum \beta_{soc} X_{soc} + \varepsilon$$
$$\tag{7-5}$$

其中，Y 表示老年人的健康状况（身体虚弱指数或心理虚弱指数），X_1 表示多样参与型社会参与，X_2 表示人际互动型社会参与，X_3 表示帮助他人型社会参与。X_{ind} 为表示老年人个体特征（individual）的变量；X_{env} 为表示环境因素（environment）的变量；X_{beh} 为表示老年人行为方式（behavior）变量；X_{soc} 为表示社会经济（socioeconomic）因素的变量。ε 表示误差项，β_0、β_1、β_2、β_3、β_{ind}、β_{beh}、β_{soc}、β_{env} 为模型的参数。

一　社会参与类型对身体健康的影响

在进行实证分析之前对所有方程中的解释变量进行了多重共线性检验，发现各方程中解释变量的方差膨胀因子（VIF）均小于 10，即各个模型均不存在多重共线性问题。表 7-1 至表 7-5 分别显示了不同类型的社会参与和老年人身体虚弱指数的多元线性回归结果，其中"多样参与"（组 2），"人际互动"（组 3）和"帮助他人"（组 4）均为虚拟变量，社会参与类型以第 1 组"不愿参与"为参照组。

根据式（7-1）构建多元线性回归模型Ⅰ，关注未加入任何控制变量时社会参与类型对老年人身体健康状况的影响。回归结果如表 7-1 所示，可以看出，所有的变量均具有统计学意义。与"不愿参与"组的老年人相比，"多样参与"组、"人际互动"组和"帮助他人"组老年人的身体虚弱指数分别低 0.063、0.022 和 0.042，且差异程度均在 0.001 的水平上显著（p = 0.000），即"多样参与"组老年人的身体虚弱指数平均为 0.096（0.159 - 0.063 × 1），"人际互动"组老年人身体虚弱指数平均为 0.137（0.159 - 0.022 × 1），"帮助他人"组老年人身体虚弱指数平均得分为 0.117（0.159 - 0.042 × 1），而常数项为 0.159，是当其他虚拟变量均为 0 时的取值，也就是"不愿参与"组老年人的身体虚弱指数。可以看出，四组老年人中，"不愿参与"组老年人的身体虚弱指数最高，"多样参与"组老年人的身体虚弱指数最低，即在未加入其他控制变量的情况下，"多样参与"组老年人的身体健康状况最好，其次依次为"帮助他人"组、"人际互动"组和"不愿参与"组。

表 7-1 社会参与类型对老年人身体健康的影响（模型 I）

项目	系数	标准误	p 值
社会参与类型（"不愿参与"组）			
多样参与（组 2）	-0.063	0.013	0.000
人际互动（组 3）	-0.022	0.003	0.000
帮助他人（组 4）	-0.042	0.006	0.000
常数项	0.159	0.002	0.000
Adjusted R^2	0.015		
样本量	9449		

注：参照组为"不愿参与"组老年人。

根据式（7-2）构建模型 II，表 7-2 为加入了老年人个体特征变量后的回归结果。在控制了其他变量之后，社会参与类别为"多样参与"组、"人际互动"组和"帮助他人"组的老年人分别比"不愿参与"组老年人身体虚弱指数降低了 0.036、0.018 和 0.027，可以看出，"多样参与"对老年人身体健康的提升作用依然最大，"帮助他人"对身体健康的积极作用要大于"人际互动"，这可能是由于"帮助他人"组老年人的身体健康状况原本就比"人际互动"组老年人要好，因此才有多余的体力和精力去照顾那些不与自己住在一起的亲人、朋友或者向邻居提供帮助。从各个控制变量来看，性别对老年人身体虚弱指数的影响为显著的负向影响，即与女性老年人相比，男性老年人身体虚弱指数更低，也就是男性老年人的老化程度较低。从年龄组来看，70~79 岁组和 80 岁及以上组老年人分别比 60~69 岁组老年人身体虚弱指数高 0.043 和 0.078，可见老年人的身体虚弱指数随着年龄的增加而不断提高，80 岁及以上组老年人的身体健康状况最差。受教育程度的系数为-0.003，说明在控制其他因素的情况下，受教育程度每增加 1 年，身体虚弱指数就降低 0.003，说明受教育程度高的老年人其身体老化程度较低。婚姻状况对老年人身体虚弱指数的影响可以忽略不计且不显著。已退休老年人比未退休老年人身体虚弱指数低，说明已经退休的老年人身体状况更好。

表 7-2　社会参与类型对老年人身体健康的影响（模型Ⅱ）

项目	系数	标准误	p 值
社会参与类型（"不愿参与"组）			
多样参与（组 2）	−0.036	0.012	0.003
人际互动（组 3）	−0.018	0.003	0.000
帮助他人（组 4）	−0.027	0.006	0.000
个体特征因素			
性别（女）	−0.038	0.003	0.000
年龄组（60~69 岁）			
70~79 岁	0.043	0.003	0.000
80 岁及以上	0.078	0.007	0.000
受教育程度	−0.003	0.000	0.000
婚姻状况（无配偶）	−0.001	0.004	0.929
退休状况（未退休）	−0.020	0.004	0.000
常数项	0.173	0.004	0.000
Adjusted R^2	0.110		
样本量	5817		

注：括号内为参照组。

根据式（7-3）构建回归模型Ⅲ，进一步加入了环境因素作为控制变量。由表 7-3 的回归结果可以看出，在控制了其他因素之后，"帮助他人"型社会参与的影响系数未变，其他两个类型的影响系数均比模型Ⅱ中降低了，但影响的显著性水平均未改变，依然在 1% 的水平上显著。"多样参与"组的影响依然最大，其次为"帮助他人"和"人际互动"组，与模型Ⅱ和模型Ⅰ一致。性别和 80 岁及以上组的影响系数较模型Ⅱ略有提升，退休状况的影响系数略有下降，除此之外的其他因素的影响系数和显著性水平未见明显改变。新加入的环境因素中，城镇老年人的身体健康状况较农村老年人略高，可能是由于城镇老年人的医疗条件较好，有病得以及时就医。而社区内有活动场所或设施的老年人其身体虚弱指数明显低于农村老年人，即身体健康状况比农村老年人好，且在 1% 的水平上显著，社区里有活动场所和设施的老年人能够更加便利地进行休闲和健身活动，从而对身体健康产生积极影响。

表 7-3　社会参与类型对老年人身体健康的影响（模型Ⅲ）

项目	系数	标准误	p 值
社会参与类型（"不愿参与"组）			
多样参与（组 2）	−0.034	0.012	0.005
人际互动（组 3）	−0.017	0.003	0.000
帮助他人（组 4）	−0.027	0.006	0.000
个体特征因素			
性别（女）	−0.040	0.003	0.000
年龄组（60~69 岁）			
70~79 岁	0.043	0.003	0.000
80 岁及以上	0.079	0.007	0.000
受教育程度	−0.003	0.000	0.000
婚姻状况（无配偶）	−0.001	0.004	0.845
退休状况（未退休）	−0.015	0.005	0.002
环境因素			
城乡类型（农村）	−0.006	0.003	0.098
活动场所（无）	−0.017	0.004	0.000
常数项	0.173	0.004	0.000
Adjusted R^2	0.110		
样本量	5817		

注：括号内为参照组。

根据式（7-4）构建回归模型Ⅳ，即在模型Ⅲ的基础上进一步纳入了行为因素作为控制变量。由表 7-4 的回归结果可以看出，在控制了行为因素之后，三个类型的社会参与的影响系数均比模型Ⅲ有不同程度的下降，但对身体健康的影响作用依然显著。从老年人的个体特征因素来看，受教育程度的影响系数和显著性水平未变，是否有配偶对身体健康的影响依然不显著，其他个体特征因素的影响系数均有不同程度的下降。在加入了行为因素之后，环境因素的两个变量对身体健康的影响系数有略微提高，吸烟的老年人比不吸烟老年人身体虚弱指数降低 0.008，且在 5% 的水平上显著，而饮酒的老年人比不饮酒的老年人身体虚弱指数降低 0.016，这里与传统印象中吸烟、饮酒会对健康产生危害的结论相悖，有可能是健康自选择的原因，即身体健康的老年人才会选择抽烟或者饮酒，而身体本身不健康的老年人会规避。而定期进行体力活动同样对老年人的身体健康有所助益，其身体虚弱指数比没有进行体力活动的老年人低 0.008。

表 7-4　社会参与类型对老年人身体健康的影响（模型 Ⅳ）

项目	系数	标准误	p 值
社会参与类型（"不愿参与"组）			
多样参与（组 2）	-0.030	0.012	0.012
人际互动（组 3）	-0.015	0.003	0.000
帮助他人（组 4）	-0.019	0.005	0.000
个体特征因素			
性别（女）	-0.031	0.004	0.000
年龄组（60~69 岁）			
70~79 岁	0.039	0.003	0.000
80 岁及以上	0.070	0.007	0.000
受教育程度	-0.003	0.000	0.000
婚姻状况（无配偶）	-0.001	0.004	0.872
退休状况（未退休）	-0.011	0.005	0.018
环境因素			
城乡类型（农村）	-0.007	0.003	0.054
活动场所（无）	-0.018	0.003	0.000
行为方式因素			
吸烟（无）	-0.008	0.004	0.043
饮酒（无）	-0.016	0.003	0.000
体力活动（无）	-0.008	0.003	0.008
常数项	0.190	0.005	0.000
Adjusted R^2	0.118		
样本量	5817		

注：括号内为参照组。

根据式（7-5）构建回归模型Ⅴ，即在模型Ⅳ的基础上进一步纳入社会经济因素作为控制变量，回归结果如表 7-5 所示。可以看出，社会参与类型对老年人身体虚弱指数的影响进一步下降，但下降幅度较小，且对身体健康的影响均在 5% 的水平上显著。与模型Ⅳ相比，在保留三位小数的前提下，性别、受教育程度、吸烟这几个因素对身体健康的影响系数均未改变，饮酒和体力活动的影响显著性水平下降，是否退休的影响变得不显著。新加入的社会经济因素对老年人的身体虚弱指数有负向影响，养老保险的影响不显著，有照料支持和有存款的老年人比没有照料支持和没有存款的老年人身体更健康，其身体虚弱指数分别降低了 0.018 和 0.027，且均在 1% 的水平上显著，可以看出亲人的照料支持和经济条件对老年人身体健康的重要意义。

表 7-5　社会参与类型对老年人身体健康的影响（模型Ⅴ）

项目	系数	标准误	p 值
社会参与类型（"不愿参与"组）			
多样参与（组 2）	-0.029	0.012	0.019
人际互动（组 3）	-0.014	0.003	0.000
帮助他人（组 4）	-0.018	0.006	0.003
个体特征因素			
性别（女）	-0.031	0.004	0.000
年龄组（60~69 岁）			
70~79 岁	0.036	0.004	0.000
80 岁及以上	0.070	0.007	0.000
受教育程度	-0.003	0.000	0.000
婚姻状况（无配偶）	-0.006	0.004	0.170
退休状况（未退休）	-0.001	0.006	0.923
环境因素			
城乡类型（农村）	-0.006	0.004	0.117
活动场所（无）	-0.019	0.004	0.000

续表

项目	系数	标准误	p 值
行为方式因素			
吸烟（无）	−0.008	0.004	0.048
饮酒（无）	−0.015	0.004	0.000
体力活动（无）	−0.007	0.003	0.019
社会经济因素			
养老保险（无）	−0.008	0.007	0.239
照料支持（无）	−0.018	0.003	0.000
存款情况（无）	−0.027	0.004	0.000
常数项	0.207	0.005	0.000
Adjusted R²	0.132		
样本量	5817		

注：括号内为参照组。

　　生育率的下降导致子女数量的减少，加上传统家庭结构的变迁带来的家庭规模减小，以及现代化进程导致的大量青壮年劳动力由农村向城市流动，老年人家庭尤其是农村老年人的成年子女普遍外出打工，在改变了老年人的居住方式的同时也产生了很多的独居老年人，即单人户比例显著增加①，以上种种在很大程度上弱化了传统的家庭养老功能，使传统的家庭养老模式越来越难以为继，而将家庭作为养老的主要经济来源也显得不再可靠。② 由此可以看出，除了完善老年人的医疗保障、经济保障体系以外，鼓励老年人进行多样化的社会参与无疑会对老年人的健康产生积极的影响，在充实和丰富老年人自身生活的同时还能减轻家庭的照料负担和社会的养老负担。与此同时，有照料支持和养老支持的老年人才能更无后顾之忧地进行社会参与，否则连自己的基本生活都难以保障又何谈社会参与。

　　从上述结果可以看出，社会参与类型、个体特征、环境因素、行为方

① 王跃生.中国城乡家庭结构变动分析——基于 2010 年人口普查数据［J］.中国社会科学，2013，（12）：60-77；205-206.

② 张川川，陈斌开."社会养老"能否替代"家庭养老"？——来自中国新型农村社会养老保险的证据［J］.经济研究，2014，49（11）：102-115.

式和社会经济因素均与老年人的身体健康状况有关。在控制了其他因素之后，社会参与类型在模型Ⅱ至模型Ⅴ中均对老年人身体虚弱指数有独立且显著的影响。

二 社会参与类型对心理健康的影响

与上部分类似，本部分所使用的被解释变量心理虚弱指数为连续型变量，因此本部分所有模型均采用多元线性回归模型。在进行实证分析之前对所有方程中的解释变量进行了多重共线性检验，发现各方程中解释变量的方差膨胀因子（VIF）均小于10，即各个模型均不存在多重共线性问题。表7-6至表7-10为各模型的多元线性回归结果，其中"多样参与"（组2）、"人际互动"（组3）和"帮助他人"（组4）均为虚拟变量，社会参与类型以第1组"不愿参与"为参照组。

根据式（7-1）构建模型Ⅰ，由表7-6的回归结果可以看出，所有的变量均具有统计学意义。与"不愿参与"组的老年人相比，"多样参与"组、"人际互动"组和"帮助他人"组老年人的心理虚弱指数分别降低0.101、0.040和0.041，多样参与对老年人心理健康的影响系数最大，且差异程度均在0.001的水平上显著（p = 0.000），即"多样参与"组老年人的心理虚弱指数平均为0.234（0.335 - 0.101×1），"人际互动"组老年人的心理虚弱指数平均为0.295（0.335 - 0.040×1），"帮助他人"组老年人的心理虚弱指数平均为0.294（0.335 - 0.041×1），而常数项为0.335，是当其他虚拟变量均为0时的取值，也就是"不愿参与"组老年人的平均心理虚弱指数。可见，"多样参与"型老年人的心理健康状况在四种参与类型中最好，这与Chiao等[1]和Hong等[2]的研究结论一致，认为老年人参与社会活动的范围越广，其抑郁情绪越低。"不愿参与"型老年人的心理

---

[1] Chiao, C., Weng, L., and Botticello, A. L. Social participation reduces depressive symptoms among older adults: An 18 year longitudinal analysis in Taiwan [J]. BMC Public Health, 2011, 11 (292): 1-9.

[2] Hong, S. I., Hasche, L., & Bowland, S. Structural relationships between social activities and longitudinal trajectories of depression among older adults [J]. The Gerontologist, 2009, 49 (1): 1-11.

健康状况最差，这也与已有研究结论保持一致，认为社会网络有限的老年
人的心理健康状况较差。[①]

表 7-6　社会参与类型对老年人心理健康的影响（模型 I）

项目	系数	标准误	p 值
社会参与类型（"不愿参与"组）			
多样参与（组 2）	-0.101	0.021	0.000
人际互动（组 3）	-0.040	0.006	0.000
帮助他人（组 4）	-0.041	0.009	0.000
常数项	0.335	0.004	0.000
Adjusted R^2	0.012		
样本量	9449		

注：参照组为"不愿参与"组。

　　根据式（7-2）构建模型 II，模型 II 在模型 I 的基础上纳入了老年
人个体特征变量，回归结果如表 7-7 所示。在控制了其他变量之后，与
模型 I 相比，三个社会参与类型的影响系数均有不同程度的下降，且
"多样参与"组和"帮助他人"组的影响显著性水平由 1% 降为 5%。这
说明老年人个体特征的加入降低了社会参与类型对于心理健康的影响作
用，多样参与对老年人心理健康的积极作用依然最大。而从各个控制变
量来看，性别对老年人心理虚弱指数的影响为显著的负向影响，即与女
性老年人相比，男性老年人的心理健康状况更好。从年龄组来看，与
60~69 岁组的老年人相比，70~79 岁组的差异并不显著，80 岁及以上组
老年人的心理虚弱指数比 60~69 岁组老年人低 0.026，且影响系数在 5%
的水平上显著，这意味着 80 岁及以上组的高龄老年人其心理健康状况更
好。受教育程度的系数为-0.007，说明在控制其他因素的情况下，受教
育程度每增加 1 年，老年人的心理虚弱指数就降低 0.007，说明受教育

① Litwin, H. Physical activity, social network type, and depressive symptoms in late life: An a-
nalysis of data from the National Social Life, Health and Aging Project [J]. Aging and Mental
Health, 2012, 16 (5): 608-616.

程度高的老年人其心理虚弱指数更低，也就是心理健康状况更好。婚姻状况对老年人心理虚弱指数的影响也为负，即相对于无配偶的老年人，有配偶的老年人其心理健康状况更好。退休状况对于老年人心理健康的影响作用较大，已退休的老年人比未退休老年人的心理虚弱指数降低0.062，这是由于已退休的老年人从原有的快节奏的职业生活转为闲暇的家庭生活，压力减小从而对心理健康产生了积极的作用。除年龄组以外，其他个体特征因素的影响系数均在1%的水平上显著。

表7-7 社会参与类型对老年人心理健康的影响（模型Ⅱ）

项目	系数	标准误	p值
社会参与类型（"不愿参与"组）			
多样参与（组2）	−0.050	0.020	0.014
人际互动（组3）	−0.029	0.005	0.000
帮助他人（组4）	−0.020	0.009	0.031
个体特征因素			
性别（女）	−0.050	0.005	0.000
年龄组（60~69岁）			
70~79岁	0.003	0.006	0.605
80岁及以上	−0.026	0.011	0.026
受教育程度	−0.007	0.001	0.000
婚姻状况（无配偶）	−0.037	0.006	0.000
退休状况（未退休）	−0.062	0.007	0.000
常数项	0.421	0.007	0.000
Adjusted R^2	0.102		
样本量	5817		

注：括号内为参照组。

根据式（7-3）构建模型Ⅲ，模型Ⅲ在模型Ⅱ的基础上进一步纳入了环境因素作为控制变量，回归结果如表7-8所示。"多样参与"型和"人际互动"型社会参与的影响系数比模型Ⅱ中略有降低，"帮助他人"型的影响系数略有提升，且显著性水平提高，但依然是"多样参与"型社会参与对老年人心理健康的提升作用最大。从个体特征因素来看，性别对于老年人心理健康的影响系数略有提升，婚姻状况的影响大小未变，其他个体特征因素的影响系数均有不同程度的下降，影响的显著性水平未变。而新加入的环境因素中，城镇老年人的心理健康状况比农村老年人好，社区内有活动场所或设施的老年人其心理健康状况更好。可见，环境因素的加入使"多样参与"组和"人际互动"组老年人的心理健康优势略有减小，但与其他三种社会参与类型相比，"不愿参与"组老年人的心理健康劣势依旧显著。

表 7-8 社会参与类型对老年人心理健康的影响（模型Ⅲ）

项目	系数	标准误	p 值
社会参与类型（"不愿参与"组）			
多样参与（组 2）	-0.047	0.020	0.022
人际互动（组 3）	-0.028	0.006	0.000
帮助他人（组 4）	-0.021	0.009	0.024
个体特征因素			
性别（女）	-0.053	0.005	0.000
年龄组（60~69 岁）			
70~79 岁	0.002	0.006	0.675
80 岁及以上	-0.025	0.011	0.030
受教育程度	-0.006	0.001	0.000
婚姻状况（无配偶）	-0.037	0.006	0.000
退休状况（未退休）	-0.046	0.008	0.000
环境因素			
城乡类型（农村）	-0.026	0.006	0.000
活动场所（无）	-0.018	0.006	0.002
常数项	0.440	0.008	0.000
Adjusted R^2	0.103		
样本量	5817		

注：括号内为参照组。

依据公式（7-4）构建模型Ⅳ，在模型Ⅲ的基础上进一步加入了老年人的行为因素作为控制变量，回归结果如表7-9所示。可以看出，与模型Ⅲ相比，"多样参与"组老年人相较于"不愿参与"组老年人的心理健康更好了，这可能是由于饮酒的行为有助于老年人进行社交，使老年人更易融入社会，从而心理更健康。"人际互动"组和"帮助他人"组的影响系数有小幅度的下降。从控制变量来看，性别、婚姻状况和城乡类型这三个因素的影响系数比模型Ⅲ中均有小幅度的提高，退休状况和活动场所的影响系数略有下降，受教育程度的影响系数未变。从新加入的行为方式来看，吸烟会使老年人心理虚弱指数提高，即吸烟不利于老年人的心理健康，而饮酒会使老年人的心理虚弱指数降低，但仅在10%的水平上显著。是否定期进行体力活动对老年人心理健康的影响并不显著。

表 7-9　社会参与类型对老年人心理健康的影响（模型Ⅳ）

项目	系数	标准误	p 值
社会参与类型（"不愿参与"组）			
多样参与（组 2）	-0.053	0.021	0.010
人际互动（组 3）	-0.027	0.006	0.000
帮助他人（组 4）	-0.018	0.009	0.066
个体特征因素			
性别（女）	-0.059	0.007	0.000
年龄组（60~69 岁）			
70~79 岁	0.002	0.006	0.789
80 岁及以上	-0.021	0.012	0.094
受教育程度	-0.006	0.001	0.000
婚姻状况（无配偶）	-0.038	0.006	0.000
退休状况（未退休）	-0.043	0.008	0.000
环境因素			
城乡类型（农村）	-0.027	0.006	0.00
活动场所（无）	-0.017	0.006	0.004

续表

项目	系数	标准误	p 值
行为方式因素			
吸烟（无）	0.014	0.007	0.035
饮酒（无）	-0.011	0.006	0.068
体力活动（无）	-0.002	0.005	0.708
常数项	0.441	0.009	0.000
Adjusted R^2	0.108		
样本量	5817		

注：括号内为参照组。

依据式（7-5）构建模型Ⅴ，模型Ⅴ在模型Ⅳ的基础上进一步纳入了社会经济因素作为控制变量。由表 7-10 的估计结果可以看出，在控制了社会经济因素之后，"多样参与"和"人际互动"的影响系数比模型Ⅳ中略有下降，且"多样参与"的影响降为在 10% 的水平上显著。而"帮助他人"的影响已经降至不具有统计意义上的显著性，这意味着在其他因素一致的前提下，"帮助他人"组老年人的心理健康与"不愿参与"组老年人的心理健康没有显著差别，这在一定程度上说明"不愿参与"组老年人与"帮助他人"组老年人心理健康上的差距可能是由社会经济因素造成的。但社会经济因素并未消除"多样参与"组和"人际互动"组与"不愿参与"组老年人心理健康上的差距。

从控制变量来看，性别、婚姻状况和活动场所对于老年人心理健康的影响作用增强，受教育程度的影响系数依然不变，年龄和饮酒的影响变得不再具有统计学的意义，其他因素的影响系数均有不同程度的下降。新加入的三个社会经济因素对心理健康均有显著的积极作用，有养老保险、有照料支持和有存款的老年人其心理虚弱指数分别降低 0.030、0.045 和 0.038，即与没有养老保险、没有照料支持和没有存款的老年人相比，有养老保险、照料支持和存款的老年人其心理健康状况更好。

表 7-10　社会参与类型对老年人心理健康的影响（模型 V）

项目	系数	标准误	p 值
社会参与类型（不愿参与组）			
多样参与（组 2）	-0.037	0.021	0.080
人际互动（组 3）	-0.023	0.006	0.000
帮助他人（组 4）	-0.014	0.010	0.154
个体特征因素			
性别（女）	-0.061	0.007	0.000
年龄组（60~69 岁）			
70~79 岁	0.005	0.006	0.458
80 岁及以上	-0.015	0.013	0.248
受教育程度	-0.006	0.001	0.000
婚姻状况（无配偶）	-0.046	0.007	0.000
退休状况（未退休）	-0.023	0.010	0.027
环境因素			
城乡类型（农村）	-0.026	0.007	0.000
活动场所（无）	-0.021	0.006	0.001
行为方式因素			
吸烟（无）	0.013	0.007	0.057
饮酒（无）	-0.009	0.006	0.138
体力活动（无）	-0.001	0.005	0.859
社会经济因素			
养老保险（无）	-0.030	0.012	0.011
照料支持（无）	-0.045	0.006	0.000
存款情况（无）	-0.038	0.006	0.000
常数项	0.472	0.009	0.000
Adjusted R^2	0.128		
样本量	5817		

注：括号内为参照组。

从上述结果可以看出，社会参与类型、个体特征、行为方式和社会经济因素均与老年人的心理健康状况有关。在控制了其他因素之后，社会参与类型在模型Ⅱ至模型Ⅴ中均对老年人的心理虚弱指数有独立且显著的影响。值得注意的是，性别和婚姻状况这两个因素在模型Ⅱ至模型Ⅴ中的影响系数不断增加，且显著性水平一直保持在1%，可以说明性别和婚姻状况对老年人心理健康的重要意义。

通过上述回归结果可以看出，随着各组控制变量的不断加入，"不愿参与"组老年人的身体健康始终同其他组老年人存在差异，但这种劣势不断缩小。而"不愿参与"组老年人的心理健康在加入了社会经济因素之后与"帮助他人"组老年人的差距不再显著，但依然比"多样参与"组和"人际互动"组老年人的心理健康状况差，且劣势存在显著的差异。由于受到长期以来传统文化和道德观念的影响，我国目前的养老方式依然以家庭养老为主，也就是由子女或者亲友等提供的非正式照料。而随着老龄化程度的加深，以及老年人预期寿命的延长，照料问题尤其是长期照护无疑加重了我国老年人的负担，且他们面临的不仅是照料自己年迈的父母，还有帮忙照料孙子女辈的任务，可想而知长此以往这会对老年人会产生诸多不利的影响，不仅仅会影响到照料者的生理健康，还会影响照料者的心理健康，产生诸如焦虑、睡眠障碍等情况。[①] 此外，通过对比社会参与类型对老年人身心健康的影响可以发现，社会参与类型对于老年人心理健康的影响要大于对老年人身体健康的影响，即老年人进行社会参与产生的心理上的积极效用更大。

从各个控制变量来看，性别、受教育程度和退休状况对老年人的身心健康均有显著的影响。身体随着年龄的增长而不断衰弱，年龄对于老年人心理健康的作用却并不显著。而婚姻状况对老年人身体健康的影响不具有统计学意义，对老年人的心理健康的影响均在1%的水平上显著。这可能因为无配偶老年人或是经历了配偶离世，或是由于离异而独自居住而产生了孤独感等负面情绪，影响了心理健康。社区有活动场所对老年人身心健康都有显著的意义，城乡类型对于老年人心理健康有显著意义，对身体健

---

① Baker, L. A. and Silverstein, M. Depressive Symptoms among Grandparents Raising Grandchildren: The Impact of Participation in Multiple Roles [J]. Journal of Intergenerational Relationships, 2008, 6 (3): 285-304.

康的影响在加入了社会经济因素之后变得不再显著，说明即使生活在农村的老年人如果经济条件较好且有亲友的支持依然可以拥有较好的身体健康状况。

第二节　社会参与频率对老年人口健康的影响

上节检验了社会参与类型对老年人口健康的影响，本节将进一步关注老年人口健康随时间变化的趋势，以及这种变化是否会受到社会参与频率的影响。首先构建无条件的潜变量增长模型，具体模型构建如下。

$$\text{层一：} \qquad FI_{it} = \alpha_i + \beta_i \lambda_t + \xi_{it} \qquad\qquad (7\text{-}6)$$

$$\text{层二：} \qquad \alpha_i = \mu_\alpha + \xi_{\alpha i}$$

$$\beta_i = \mu_\beta + \xi_{\beta i}$$

在第一层水平方程中，FI_{it} 为被调查的老年人个体 i 在第 t 个时间点的身体虚弱指数（或心理虚弱指数）；α_i 为截距也就是被调查老年人个体 i 的初始状况；β_i 表示虚弱指数随着时间的变化速率，即斜率；λ_t 表示测量次数；ξ_{it} 为老年人个体 i 在时间点 t 的残差。在第二层水平方程中，μ_α 和 μ_β 分别为截距和斜率的均值，$\xi_{\alpha i}$ 和 $\xi_{\beta i}$ 分别为老年人个体 i 的截距、斜率的残差。

在了解了老年人健康状况总体变化趋势的基础上，进一步纳入随时间变化的因素，以考察老年人身体虚弱指数（或心理虚弱指数）的变化轨迹是否受到社会参与频率的影响。即构建条件潜变量增长模型，具体模型构建如下。

$$\text{层一：} \qquad FI_{it} = \alpha_i + \beta_i \lambda_t + \gamma_t SP_{it} + \xi_{it} \qquad (7\text{-}7)$$

$$\text{层二：} \qquad \alpha_i = \mu_\alpha + \xi_{\alpha i}$$

$$\beta_i = \mu_\beta + \xi_{\beta i}$$

在第一层水平方程中，SP_{it} 是被调查老年人个体 i 在时间点 t 的社会参与频率，γ_t 为第 t 个时间点上社会参与频率对身体虚弱指数（或心理虚弱指数）的偏回归系数。其他参数的解释与无条件模型中一致。

接下来，在上述模型的基础上纳入不随时间变化的老年人个体特征因素，以考察老年人身体虚弱指数（或心理虚弱指数）在初始水平以及变化速率上是否存在个体间差异，以及在控制了个体特征因素之后社会参与频率对老年人口健康的影响是否依然显著。继续构建条件潜变量增长模型如下。

层一：
$$FI_{it} = \alpha_i + \beta_i \lambda_t + \gamma_t SP_{it} + \xi_{it} \qquad (7-8)$$

层二：
$$\alpha_i = \mu_\alpha + \sum_{j=1}^{5} \eta_j Z_j + \xi_{\alpha i}$$

$$\beta_i = \mu_\beta + \sum_{j=1}^{5} \eta_j Z_j + \xi_{\beta i}$$

其中 Z_j 代表包括性别、年龄、婚姻状况、受教育程度和城乡类别在内的老年人的个体特征因素，η_j 是相对应的回归系数。其他参数的解释与上述模型相同。

一　社会参与频率对身体健康的影响

根据公式（7-6），首先建立无条件模型。无条件模型的数据拟合指标如表 7-11 所示，根据普遍使用的拟合指数评价标准[1]，如果 RMSEA<0.06 且 CFI>0.95，则视为模型拟合良好，从表中可以看出无条件模型的各项指标均拟合良好。截距即老年人身体虚弱指数的初始值为 0.147（p<0.000），且在 3 个调查时点呈现递增趋势（斜率为 0.003，p<0.01）。此外，截距因子和斜率因子的方差估计分别为 0.009 和 0.001，且均在 1% 的水平上显著，可以说明老年人个体的身体健康状况在初始水平及增长速度上均存在着显著的个体间差异。同时，截距增长因子和斜率增长因子的相关系数为−0.326（p<0.000），这意味着如果截距增大 1 个单位，斜率将减少 0.326 个单位，即老年人个体身体虚弱指数的增长变化率与初始状态存在

---

① McArdle, J. J., & Nesselroade, J. R. Longitudinal data analysis using structural equation models [M]. Washington, DC: APA Books, 2014.

着显著的反向关系，即初始状态身体虚弱指数高的个体其下降速度较慢。

表 7-11　老年人身体健康的线性无条件 LGM 模型的系数及拟合指标

χ^2 (df)	CFI	RMSEA	增长因子均值		增长因子方差		相关系数
			截距	斜率	截距	斜率	
4.03（1）	1.00	0.001	0.147***	0.003**	0.009***	0.001***	-0.326***

注：** 表示 p<0.01，*** 表示 p<0.000。

接下来，根据式（7-7）构建模型Ⅰ，即加入随时间变化的变量社会参与频率，以考察老年人身体健康的变化轨迹是否受到社会参与频率的影响。估计结果如表 7-12 所示，从模型的拟合指标来看，RMSEA<0.06 且 CFI>0.95，模型拟合情况良好。具体来看，在 3 个调查时点上，社会参与频率对老年人的身体虚弱指数均有显著的负向影响，且均在 1% 的水平上显著，即社会参与频率均对同时期的身体健康产生显著的预测作用，也就是说随着社会参与频率的增加，老年人的身体虚弱指数不断下降，即身体状况变好，同时，3 个调查时点的影响系数分别为 -0.082、-0.077 和 -0.072，可以看出影响系数不断下降，说明社会参与频率对老年人身体健康的影响逐渐减弱。

表 7-12　社会参与频率影响老年人身体健康的 LGM 模型（模型Ⅰ）

项目	系数	标准误	p 值
T0			
社会参与频率	-0.082	0.014	0.000
T1			
社会参与频率	-0.077	0.011	0.000
T2			
社会参与频率	-0.072	0.013	0.000
模型适配度			
参数个数	11		
χ^2	30.149		
RMSEA	0.033		
CFI	0.993		

　　根据式（7-8）构建模型Ⅱ，模型Ⅱ在模型Ⅰ的基础上纳入了不随时间变化的个体特征因素，估计结果如表7-13所示。可以看出，在加入了个体特征因素后，社会参与频率对老年人身体健康的预测作用减弱，但依然在3个调查时点均对身体虚弱指数有显著的负向影响，即社会参与频率的增加有利于老年人的身体健康。从个体特征因素来看，性别对于老年人身体健康的截距和斜率的回归系数分别为-0.206（p<0.01）和0.022（p=0.489），这说明不同性别的老年人其身体健康的初始水平存在着显著差异，但在身体健康变化的斜率上差异并不显著，即基期男性老年人的身体虚弱指数更低也就是男性老年人的身体健康状况较女性老年人好。年龄对老年人的身体健康状况有显著的正向预测作用，且在1%的水平上显著，可以看出，年龄大的老年人其初始的身体虚弱指数也较大，即基期年龄大的老年人身体健康状况较差，而与斜率因子显著负相关（b=-0.053），这意味着年龄越大其斜率变化越小，即线性增长趋势越平缓。受教育程度在老年人基期身体健康状况上存在显著差异（p<0.01），影响系数为负，说明受教育程度高的老年人其初始身体虚弱指数较低，身体健康状况更好，受教育程度对身体健康变化斜率的影响并不显著。城镇老年人的身体健康状况较农村老年人好，但城乡类型在对模型斜率的预测中并不显著。婚姻状况对截距和斜率均没有显著的预测作用。

表 7-13　社会参与频率影响老年人身体健康的 LGM 模型（模型Ⅱ）

项目	系数	标准误	p 值
T0			
社会参与频率	-0.071	0.014	0.000
T1			
社会参与频率	-0.072	0.011	0.000
T2			
社会参与频率	-0.065	0.013	0.000
截距			
性别	-0.206	0.022	0.000
年龄	0.198	0.022	0.000
婚姻状况	0.002	0.022	0.939
受教育程度	-0.165	0.023	0.000
城乡类型	-0.041	0.021	0.056

项目	系数	标准误	p 值
斜率			
性别	0.022	0.032	0.489
年龄	−0.053	0.031	0.085
婚姻状况	−0.007	0.031	0.819
受教育程度	0.055	0.033	0.101
城乡类型	0.005	0.030	0.858
模型适配度			
参数个数	21		
χ^2	37.423		
RMSEA	0.026		
CFI	0.993		

从前文的相关分析可知老年人的身体虚弱指数和心理虚弱指数之间存在着正相关关系，因此模型Ⅲ在模型Ⅱ的基础上进一步加入了老年人的心理虚弱指数来反映老年人的心理健康对身体健康的影响。由表 7-14 的估计结果可以看出，新加入的心理健康因素对身体健康的预测作用较大，且在 3 个调查时点的显著性水平均为 1%，影响系数为正，说明随着心理虚弱指数的增加老年人的身体虚弱指数也随之增加，换句话说，心理健康状况越差的老年人其身体健康状况也越差。同时，心理健康的影响系数在 3 个调查时点不断增大，在 T2 时点上达到最大 0.335，即老年人心理健康对于身体健康的预测作用随着时间而不断增强。同时，在加入了心理健康因素之后，社会参与频率对于身体健康的预测作用在 T0 和 T2 调查时点上明显降低，在 T1 时点上的影响系数比模型Ⅱ稍有提升，但依然在 3 个调查时点上对身体虚弱指数有显著的负向影响，社会参与频率的提高伴随着身体虚弱指数的降低。从个体特征的变化来看，在加入了心理健康因素之后，性别和受教育程度对截距的预测作用下降，但影响方向和显著性水平未变，年龄对身体虚弱指数截距的正向预测作用增大，同样在 1% 的水平上显著，城乡类型的预测作用变得不再显著。对于身体虚弱指数增长斜率的预测，依然只有年龄这一个因素有显著的负向影响。

表 7-14　社会参与频率影响老年人身体健康的 LGM 模型（模型Ⅲ）

项目	系数	标准误	p 值
T0			
社会参与频率	-0.049	0.014	0.001
心理虚弱指数	0.289	0.015	0.000
T1			
社会参与频率	-0.073	0.013	0.000
心理虚弱指数	0.029	0.011	0.000
T2			
社会参与频率	-0.045	0.014	0.001
心理虚弱指数	0.335	0.014	0.000
截距			
性别	-0.185	0.023	0.000
年龄	0.224	0.022	0.000
婚姻状况	0.029	0.022	0.198
受教育程度	-0.124	0.024	0.000
城乡类型	-0.013	0.022	0.562
斜率			
性别	0.035	0.032	0.278
年龄	-0.055	0.031	0.072
婚姻状况	-0.033	0.031	0.289
受教育程度	0.059	0.034	0.082
城乡类型	0.023	0.031	0.451
模型适配度			
参数个数	24		
χ^2	384.694		
RMSEA	0.082		
CFI	0.924		

二　社会参与频率对心理健康的影响

在检验了社会参与频率对老年人身体健康变化的影响之后，接下来继续检验社会参与频率对老年人心理健康是否有预测作用。同样的，根据式（7-6）首先建立无条件模型，无条件模型的数据拟合指标如表 7-15 所示。

可以看出，无条件模型的各项指标均拟合良好。截距即老年人心理虚弱指数的初始值为 0.321（p<0.000），斜率为 -0.005，说明在 3 个调查时点老年人心理虚弱指数呈现递减趋势（p<0.01）。截距因子和斜率因子的方差估计分别为 0.014 和 -0.003，且 p 值均小于 0.000，可以说明老年人的心理健康状况在初始水平及增长速度上均存在着显著的个体间差异。同时，截距增长因子和斜率增长因子的相关系数为 -0.023（p>0.10），这说明老年人的心理虚弱指数的变化速率与起始状态的心理虚弱指数之间不存在显著的关联。

表 7-15　老年人心理健康的线性无条件 LGM 模型的系数及拟合指标

χ^2（df）	CFI	RMSEA	增长因子均值		增长因子方差		相关系数
			截距	斜率	截距	斜率	
155.61（1）	0.93	0.04	0.321***	-0.005**	0.014***	-0.003***	-0.023

注：** 表示 p<0.01，*** 表示 p<0.000。

接下来估计线性条件模型，根据式（7-7）构建模型Ⅰ，即加入随时间变化的变量社会参与频率，以考察社会参与频率是否会对老年人的心理健康产生预测作用。估计结果如表 7-16 所示，模型拟合指标 RMSEA<0.06 且 CFI>0.95，说明模型拟合情况良好，社会参与频率在每个调查时点均对老年人心理健康有显著的预测作用，且影响为负，均在 1% 的水平上显著，说明老年人的心理虚弱指数随着社会参与频率的增加而降低，即社会参与频率越高的老年人心理健康状况越好。

表 7-16　社会参与频率影响老年人心理健康的 LGM 模型（模型Ⅰ）

项目	系数	标准误	p 值
T0			
社会参与频率	-0.065	0.015	0.000
T1			
社会参与频率	-0.122	0.013	0.000
T2			
社会参与频率	-0.054	0.015	0.000

续表

项目	系数	标准误	p 值
模型适配度			
参数个数	11		
χ^2	110.184		
RMSEA	0.030		
CFI	0.956		

根据式（7-8）构建模型Ⅱ，在模型Ⅰ的基础上加入了不随时间变化的因素即基期的个体特征因素，包括性别、年龄、婚姻状况、受教育程度和城乡类型，以考察在加入了个体特征因素之后社会参与频率对老年人心理健康的影响是否依然显著，以及个体特征的差异如何影响了社会参与频率对老年人心理健康的影响。估计结果如表7-17所示，在加入了不随时间变动的个体特征因素之后，社会参与频率对老年人心理健康的影响与模型Ⅰ相比减弱，但依然在每个调查时点均对心理虚弱指数有显著的负向影响。从个体特征因素来看，性别对于老年人心理健康的截距有显著的预测作用（p<0.01），对于斜率的影响却并不显著，这说明不同性别的老年人其心理健康的初始水平存在着显著差异，但在心理健康变化的斜率上差异并不显著，而基期男性老年人的心理虚弱指数更低，也就是男性老年人的心理状况更好。婚姻状况对于老年人身体健康没有显著的影响，而不同婚姻状况的老年人在心理健康的初始水平和变化斜率上均有显著差异，有配偶的老年人其初始心理虚弱指数更低，且心理虚弱指数的下降速度更快。受教育程度高的老年人和城镇老年人初始的心理虚弱指数更低，即心理健康状况更好，但不同受教育程度和城乡类型对心理健康的变化斜率并没有显著影响，同时，受教育程度和城乡类型对老年人心理健康的影响系数均高于对老年人身体健康的影响。而对老年人身体健康影响十分显著的年龄因素，对老年人心理健康的初始水平和变化斜率均没有显著的预测作用。

表 7-17　社会参与频率影响老年人心理健康的 LGM 模型（模型 Ⅱ）

项目	系数	标准误	p 值
T0			
社会参与频率	−0.055	0.015	0.000
T1			
社会参与频率	−0.105	0.013	0.000
T2			
社会参与频率	−0.039	0.015	0.008
截距			
性别	−0.183	0.027	0.000
年龄	−0.010	0.026	0.704
婚姻状况	−0.095	0.026	0.000
受教育程度	−0.221	0.028	0.000
城乡类型	−0.140	0.026	0.000
斜率			
性别	−0.011	0.044	0.733
年龄	0.011	0.011	0.554
婚姻状况	0.020	0.010	0.031
受教育程度	0.000	0.001	0.983
城乡类型	−0.013	0.017	0.431
模型适配度			
参数个数	21		
χ^2	106.425		
RMSEA	0.041		
CFI	0.964		

由于老年人的身体虚弱指数和心理虚弱指数之间存在着显著的正相关关系，模型 Ⅲ 进一步加入了老年人的身体健康因素以考察在控制了身体健康变化的情况下，社会参与频率是否依然对老年人的心理健康有显著影响，以及身体健康的影响是否增强或者减弱了社会参与频率对老年人心理健康的影响。由表 7-18 的估计结果可以看出，在加入身体虚弱指数之后，社会参与频率对老年人心理健康变化的影响在 T0 和 T2 时点仍然在 1% 的水平上显著，且影响系数略有提升，但在 T1 时点上的影响系数和显著性

水平均有明显的下降。从个体特征的变化来看，在加入了身体健康因素之后，年龄和婚姻状况对心理健康初始水平的影响提升，年龄的影响变得显著，除此之外，其他因素对截距的影响水平均有不同程度的下降，但仍然在1%的水平上显著。

表7-18　社会参与频率影响老年人心理健康的LGM模型（模型Ⅲ）

项目	系数	标准误	p值
T0			
社会参与频率	-0.065	0.014	0.000
身体虚弱指数	0.382	0.014	0.000
T1			
社会参与频率	-0.023	0.014	0.088
身体虚弱指数	0.312	0.014	0.000
T2			
社会参与频率	-0.052	0.015	0.000
身体虚弱指数	0.365	0.015	0.000
截距			
性别	-0.109	0.028	0.000
年龄	-0.100	0.027	0.000
婚姻状况	-0.107	0.027	0.000
受教育程度	-0.174	0.029	0.000
城乡类型	-0.137	0.027	0.000
斜率			
性别	-0.051	0.106	0.627
年龄	-0.019	0.096	0.845
婚姻状况	0.219	0.098	0.020
受教育程度	-0.032	0.104	0.756
城乡类型	-0.080	0.107	0.453
模型适配度			
参数个数	24		
χ^2	241.493		
RMSEA	0.049		
CFI	0.942		

对比社会参与频率对老年人身心健康的影响可以发现，在考虑社会参与频率和个体特征因素的情况下，社会参与频率对于老年人身体健康的影

响大于对心理健康的影响。性别和年龄对老年人身体健康的影响大于对心理健康的影响，其中年龄对老年人心理健康的影响不显著。而婚姻状况、受教育程度和城乡类型则对老年人心理健康有更大的影响。此外，只有年龄对老年人身体虚弱指数的增长斜率有显著影响，婚姻状况对老年人心理虚弱指数的增长斜率有显著影响。

三　不同老年群体社会参与频率对健康的影响

前两部分分别描述了社会参与频率对老年人口身体健康和心理健康的影响，但老年人群体内部差异性很大，因此本部分重点关注不同性别、城乡类型的老年人个体其健康发展趋势是否存在差异，以及不同群体老年人其社会参与频率对健康影响的异同。当然此种检验可以通过引入性别、城乡类型协变量来进行，但本部分采用分组的方法运用多组增长模型可以比较更多的参数是否等值，表7-19为多组LGM模型估计结果。

（一）不同群体老年人的社会参与频率对身体健康影响的异质性

首先，从分性别的LGM模型来看，模型的各项指标拟合状况较为理想。无论对于男性老年人还是女性老年人，社会参与频率均对同期的身体虚弱指数产生显著的负向预测作用，且均在1%的水平上显著，即社会参与频率对老年人身体虚弱指数的影响为负，也就是社会参与越频繁的老年人其身体虚弱指数就越低，身体健康状况越良好。不同的是，社会参与频率对女性老年人身体虚弱指数的影响系数在每个时点上均大于对男性老年人的影响系数，即社会参与频率对于女性老年人身体健康的影响大于对男性老年人的影响，也就是社会参与对于女性老年人身体健康产生的积极效用要大于男性老年人。而从3个调查时点的影响系数可以看出，社会参与频率对于女性老年人身体虚弱指数的影响系数呈下降趋势，而对男性老年人身体虚弱指数的影响系数在3个调查时点不断上升。

从个体特征因素来看，年龄对男性和女性老年人身体虚弱指数的初始水平均在1%的水平上有显著的影响，且影响方向为正，即年龄越大的老年人（无论男性还是女性）其初始的身体虚弱指数越高。从影响系数的大小来看，年龄对女性老年人身体虚弱指数初始水平的影响略大于对男性老年人的影响。受教育程度对于男性和女性老年人身体虚弱指数的初始水平均有显著的负向影响，显著水平均为1%，即受教育程度越高的老年人其身体虚弱指数的初始水平越低，身体健康状况越好，且对于男性老年人的影响系数更大。而婚姻状况和城乡类型对于男性和女性老年人身体虚弱指数的初始水平均没有显著的影响。从对身体虚弱指数变化斜率的影响来看，只有受教育程度对于男性老年人身体虚弱指数变化斜率的影响显著，但也仅在10%的水平上显著，而对女性老年人身体虚弱指数变化斜率的影响仅有年龄因素在10%的水平上显著，且影响方向为负。

表 7-19　分性别、城乡类型的老年人口身体健康 LGM 模型

变量	性别		城乡类型	
	男性	女性	城镇	农村
T0				
社会参与频率	-0.062 ***	-0.081 ***	-0.079 ***	-0.062 ***
	(0.021)	(0.020)	(0.024)	(0.017)
T1				
社会参与频率	-0.063 ***	-0.081 ***	-0.117 ***	-0.046 ***
	(0.017)	(0.017)	(0.020)	(0.014)
T2				
社会参与频率	-0.065 ***	-0.067 ***	-0.075 ***	-0.056 ***
	(0.019)	(0.020)	(0.024)	(0.016)
截距				
性别			-0.164 ***	-0.233 ***
			(0.040)	(0.027)
年龄	0.201 ***	0.212 ***	0.164 ***	0.217 ***
	(0.032)	(0.031)	(0.038)	(0.026)
婚姻状况	-0.025	0.024	0.002	-0.001
	(0.032)	(0.031)	(0.039)	(0.026)
受教育程度	-0.193 ***	-0.137 ***	-0.237 ***	-0.115 ***
	(0.033)	(0.031)	(0.039)	(0.028)
城乡类型	-0.039	-0.042		
	(0.032)	(0.031)		

续表

变量	性别		城乡类型	
	男性	女性	城镇	农村
斜率				
性别			−0.041	0.048
			（0.070）	（0.036）
年龄	−0.022	−0.089 *	−0.007	−0.069 **
	（0.041）	（0.047）	（0.067）	（0.035）
婚姻状况	0.055	−0.063	−0.042	0.008
	（0.041）	（0.046）	（0.069）	（0.034）
受教育程度	0.072 *	0.030	0.089	0.036
	（0.041）	（0.046）	（0.073）	（0.037）
城乡类型	−0.036	0.037		
	（0.042）	（0.045）		
模型适配度				
参数个数	38	38	38	38
χ^2	25.420	26.148	12.437	28.497
RMSEA	0.030	0.030	0.023	0.023
CFI	0.991	0.991	0.995	0.995

注：括号内为标准误；* 表示 $p<0.10$，** 表示 $p<0.05$，***表示 $p<0.01$。

从分城乡的 LGM 模型来看，同样的，社会参与频率对同期老年人身体虚弱指数的影响为显著的负向影响，但在每个时点上对城镇老年人的影响系数均大于对农村老年人的影响，说明社会参与频率高对城镇老年人身体健康的积极意义更大。从身体虚弱指数初始水平的影响因素来看，性别、年龄和受教育程度对于城镇老年人和乡村老年人的影响系数方向和显著性水平均一致，不同的是，性别和年龄对于农村老年人身体虚弱指数的初始水平影响更大，而受教育程度对于城镇老年人身体虚弱指数的初始水平具有更大的影响。婚姻状况对于城乡老年人的身体健康均无显著影响。从对身体虚弱指数变化斜率的影响来看，所有的个体特征因素对于城镇老年人身体虚弱指数变化斜率均没有显著影响，而对于农村老年人来说，仅有年龄这一因素对变化斜率的影响为显著的负向影响，即不同年龄的农村老年人在身体虚弱指数变化斜率上差异显著，年龄越大的农村老年人身体衰老得越快。

（二）不同群体老年人的社会参与频率对心理健康影响的异质性

与上述分析类似，表 7-20 为老年人口心理健康的多组增长模型，可以看出，模型拟合指标结果均显示模型拟合很好。从分性别的多组增长模型估计结果来看，社会参与频率对不同性别老年人心理健康影响的差异在于，在 T0 时点上，社会参与频率对同期男性老年人心理健康的影响系数大于对女性老年人，而在 T1 和 T2 时点上则是对女性老年人的影响更大，在 T2 时点上的社会参与频率对男性老年人心理健康的影响不再显著，但对女性老年人的影响依然在 1% 的水平上显著。从对老年人心理健康初始水平的影响来看，男性和女性老年人在心理健康的初始水平上均存在婚姻、教育和城乡差异，而受教育程度和城乡类型对男性老年人心理健康初始水平的影响略大于对女性老年人，是否有配偶对女性老年人初始心理健康状况影响系数略大。

表 7-20　分性别、城乡类型的老年人口心理健康 LGM 模型

项目	性别		城乡类型	
	男性	女性	城镇	农村
T0				
社会参与频率	-0.065***	-0.048***	-0.061**	-0.045**
	(0.021)	(0.021)	(0.026)	(0.018)
T1				
社会参与频率	-0.087***	-0.124***	-0.102***	-0.107***
	(0.019)	(0.018)	(0.023)	(0.016)
T2				
社会参与频率	-0.017	-0.061***	-0.080***	-0.019
	(0.021)	(0.021)	(0.027)	(0.018)

续表

项目	性别		城乡类型	
	男性	女性	城镇	农村
截距				
性别			−0.147***	−0.214***
			(0.047)	(0.035)
年龄	0.037	−0.053	−0.051	0.011
	(0.040)	(0.039)	(0.045)	(0.033)
婚姻状况	−0.100***	−0.106***	−0.083*	−0.106***
	(0.039)	(0.039)	(0.046)	(0.033)
受教育程度	−0.219***	−0.217***	−0.361***	−0.140***
	(0.039)	(0.038)	(0.045)	(0.035)
城乡类型	−0.160***	−0.131***		
	(0.039)	(0.038)		
斜率				
性别			−0.006	0.001
			(0.007)	(0.005)
年龄	0.000	−0.001	0.000	0.000
	(0.000)	(0.001)	(0.001)	(0.000)
婚姻状况	0.014*	0.007	0.017**	0.008
	(0.007)	(0.007)	(0.008)	(0.006)
受教育程度	0.000	0.000	0.001	−0.001
	(0.001)	(0.001)	(0.001)	(0.001)
城乡类型	−0.005	−0.002		
	(0.005)	(0.006)		
模型适配度				
参数个数	38	38	38	38
χ^2	31.059	81.735	41.939	74.090
RMSEA	0.052	0.052	0.053	0.053
CFI	0.962	0.962	0.963	0.963

注：括号内为标准误；* 表示 p<0.10，** 表示 p<0.05，***表示 p<0.01。

从分城乡类型的多组增长模型估计结果来看，社会参与频率对不同城乡类型老年人心理健康影响的差异在于，社会参与频率对于城镇老年人心理健康的影响在 3 个调查时点均显著，而对农村老年人心理健康的影响在 T2 时点上却并不显著。从对老年人心理健康初始水平的影响来看，农村老年人初始的心理健康状况存在的性别和婚姻差异略大于城镇老年人，而不同受教育程度的城镇老年人初始心理健康水平差异大于农村老年人。从变化斜率来看，婚姻状况只对城镇老年人心理健康的变化率有显著的正向影响，老年人心理健康的变化呈下降趋势，与无配偶城镇老年人相比，有配偶的城镇老年人心理虚弱指数下降得更快。

本章小结

本章研究了社会参与对老年人口健康的影响。从社会参与的类型来看，"多样参与"组老年人的身体健康状况最好，之后依次为"帮助他人"组、"人际互动"组，"不愿参与"组老年人的身体健康状况最差。在加入了个体特征变量后，依然是"多样参与"对老年人身体健康的提升作用更大，男性、低龄组、受教育程度较高、已退休和居住在城镇的老年人的身体健康状况更好。进一步纳入环境因素作为控制变量之后，"帮助他人"型社会参与的影响系数未变，其他两个类型的影响系数降低，"多样参与"的影响依然最大，其次为"帮助他人"和"人际互动"，城镇、社区内有活动场所的老年人身体更健康。进一步加入了行为方式作为控制变量之后，三个类型社会参与的影响系数有不同程度的下降，但对身体健康的影响依然显著，吸烟、饮酒的老年人身体虚弱指数较低。在控制了社会经济因素之后，社会参与类型的影响变小，有照料支持和存款的老年人身体更健康。社会参与类型对心理健康的影响与身体健康基本一致，"多样参与"组老年人的心理健康状况最好，在加入了各个控制变量之后影响依然显著。男性、受教育程度较高、有配偶、已退休、城镇、吸烟，有养老保险、照料支持和存款的老年人心理健康状况更好。

从社会参与频率来看，老年人的身体健康和心理健康在初始水平和增长速度上均存在个体差异。身体虚弱指数的增长变化率和初始水平呈现显著的反向关系，而心理虚弱指数的变化速率和初始状态间则无显著关联。社会参与频率对老年人身体和心理健康均有显著的预测作用，社会参与频率的增加有利于老年人的身心健康。在加入了个体特征因素后，社会参与频率对老年人身心健康的预测作用依然显著。性别、年龄、受教育程度和城乡类型对老年人身体虚弱指数的截距项均有显著的预测作用，而只有年龄与身体虚弱指数的斜率因子有显著的负相关关系。所有的个体特征因素对老年人心理虚弱指数的截距项均有显著的预测作用，而对变化斜率有显著影响的因素只有婚姻状况。

第八章 老年人口健康和社会参与相互影响机理探讨

前两章通过定量研究考察了老年人口健康和社会参与之间相互影响的大小和方向。同时在模型中还纳入了一些个体特征、行为方式和社会经济因素作为控制变量，且证实了这些因素对老年人口健康和社会参与的关系有显著的影响。而这些因素是通过怎样的方式、如何对老年人口健康和社会参与二者之间的关系产生影响的我们尚不明确，因此十分有必要对老年人口健康和社会参与的相互影响机理进行探讨。接下来，我们通过查阅大量国内外已有研究和资料，梳理了健康对老年人口社会参与的影响机理以及社会参与对老年人口健康的影响机理，其中既包括了直接影响又包括了间接影响，具体影响路径和机理如下。

第一节 老年人口健康对社会参与的影响机理

根据第六章的论述可知健康状况越好的老年人其社会参与的类型越趋于多元化，社会参与的频率也越高。反过来，健康状况不好的老年人他们的社会参与意愿较低，"不愿参与"型的比例较高，虽然健康状况不佳的老年人仍然可以进行社会活动参与，但总的来看，健康状况较好的老年人进行社会活动参与时，其参与范围、参与种类以及参与程度等可能均会高于健康状况差的老年人。而老年人口健康对于社会参与有直接影响的同时也存在着间接影响。图 8-1 展示了老年人口健康可能对社会参与产生影响的几种途径，接下来将具体进行分析。

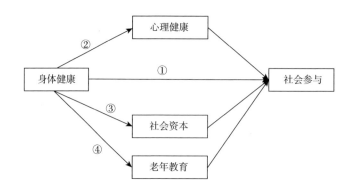

图 8-1　健康影响老年人口社会参与的路径

（一）老年人口健康状况的"自我选择"机理

首先，老年人口健康可能存在着"自我选择"（self-selection），也就是健康对社会参与有直接影响，即图 8-1 中的路径①。当老年人离开工作岗位，进入退休生活，从此休闲时光就变成了老年人生活的主旋律。而这个时候老年人的健康状况影响到了老年人如何利用其休闲时光，有的人选择在家里下棋绘画、读书看报，有的人选择跳广场舞、打太极拳，有的人选择去当老年志愿者，还有的人选择继续从事生产性劳动或者帮忙照看孙子女。有些特定的社会活动类型对老年人的身体健康状况是有要求的，即以上参与种种活动的客观限制条件都是老年人的健康状况。例如，正规的志愿组织类活动，帮助照料他人、服务他人等奉献型活动或是继续从事生产性劳动等经济性活动，只有在身体健康的前提下才能完成，也只有健康状况更好的老年人，才能更有选择性地参与特定的社会活动。而如果身体健康状况较差，或者根本无法自理，那么老年人进行社会参与的选择范围将大大缩小，只能参与一些在室内的活动或者与亲友闲谈等，或是由于身体原因老年人根本无法也无心进行任何社会活动参与。

已有研究也证实了老年人口健康的"自我选择"机理，Aartsen 等人[1]认为，认知能力较强的老年人在进行社会参与时更倾向于参与那些对认知水平要求高的活动。Hultsch 等人[2]也认为，自身能力强的人通常会积极参与那些使智力保持活跃的活动。我国学者位秀平[3]也肯定了老年人口健康影响社会参与的选择机制，他认为，健康状况较好的老年人社会参与较多，而随着时间的推移，健康状况较差的老年人更倾向于参与家事个人活动。Sirven 和 Debrand[4]同样认为，老年人身体和心理健康状况不佳会降低老年人参与社会组织的机会，因为参与社会组织一般都需要老年人有一定的活动能力和社会技能，而对于身体功能有障碍的老年人来说，外出与人见面就很困难了，又何谈参与社会组织，而与社会隔离通常又是导致老年人抑郁症的因素之一。

国家统计局第七次人口普查数据显示[5]，全国有 87% 的 60 岁及以上的老年人口其健康状况为"基本健康"和"健康"，仅有 2.3% 的老年人其健康状况为"生活不能自理"。可以看出，大部分老年人的健康状况较为良好，如果能够在身体健康状况尚好的时候发挥余热，积极参与各种形式的社会活动，那么对老年人家庭和社会发展均有大大的助益。那么健康状况较好的老年人社会参与的意愿又是怎样的，针对这一问题，第四次中国城乡老年人生活状况抽样调查[6]给出了相应的结论（见图 8-2）。

从图 8-2 可以看出，自身健康状况越好的老年人越会认为老年人应该

---

① Aartsen M. J., et al. Activity in Older Adults: Cause or Consequence of Cognitive Functioning? A longitudinal Study on Everyday Activities and Cognitive Performance in Older Adults [J]. Journal of Gerontology: Psychological Sciences, 2002, 2: 153-162.

② Hertzog, C., Hultsch, D. F., & Dixon, R. A. On the problem of detecting effects of lifestyle on cognitive change in adulthood: Reply to Pushkar et al. [J]. Psychology and Aging, 1999, 14: 528-534.

③ 位秀平. 中国老年人社会参与和健康的关系及影响因子研究 [D]. 华东师范大学，2015.

④ Sirven N. and Debrand T. Social Capital and Health of Older Europeans: Causal Pathways and Health Inequalities [J]. Social Science & Medicine, 2012, 7: 1288-1295.

⑤ 国务院第七次全国人口普查领导小组办公室. 中国人口普查资料年鉴 2020 [M]. 北京：中国统计出版社，2022.

⑥ 全国老龄工作委员会办公室. 第四次中国城乡老年人生活状况抽样调查数据开发课题研究报告汇编 上册 [M]. 北京：华龄出版社，2018.

进行社会参与，这与上文论述的老年人健康状况的"自我选择"机理相符。具体来看，自身健康状况非常好的老年人中有 69.00%认为"老年人应该发挥余热，参与社会发展"，而选择该项的比例随着老年人自评健康的下降而下降，自评健康非常差的老年人中仅有 40.50%认为老年人应该进行社会参与，这一比例较自评健康非常好的老年人低了 28.5 个百分点。由此可见，健康状况差的老年人其参与社会发展的意愿降低，这说明了健康对于老年人社会参与的重要意义。

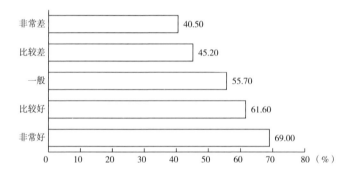

图 8-2 不同健康状况的老年人口对社会参与的认同度

关于健康的"自我选择"机理，国外一些研究也给出了类似的结论，认为健康状况更好的人会更愿意参与社会活动。Smith 和 Christakis[1] 指出，良好的健康状况可能是社会活动参与的结果，也有可能是老年人积极参与社会活动的先决条件。Erlinghagen 和 Hank[2] 利用 SHARE 调查数据发现，健康状况与老年人志愿活动参与率之间有着显著关系，自评健康为差的老年人其志愿活动参与率（6%）大大低于自评健康好的老年人（12%）。Wilson[3] 也发现，志愿活动可以改善健康状况，而健康的人也更有可能成

① Smith, K.P. and Christakis, N.A. Social networks and health. Annual Review of Sociology [J]. Social Science&Medicine, 2008, 75 (7): 1288-1295.
② Erlinghagen, M. and Hank, K. The participation of older Europeans in volunteer work [J]. Ageing & Society, 2006, 26 (4): 567-584.
③ Wilson, J. Volunteering [J]. Annual Review of Sociology, 2000, 26: 215-240.

为志愿者。Maier 等人[1]指出了二者的相互影响关系，认为一方面社会参与对健康会产生有利的影响，另一方面良好的健康状况也会促进老年人社会活动的参与。

（二）心理健康的影响机理

老年人的身体健康除了会直接影响社会参与之外，还会通过老年人的心理健康进而影响老年人参与社会活动的主观意愿。其作用机理可能是身体健康状况好的老年人其心态往往更加积极，看待事物更乐观，且喜欢与人交往，而这样的老年人往往愿意在社会组织中担任相应的角色，即更乐意参与到社会活动中去。这种影响的作用机理我们把它归纳为"身体健康—心理健康—社会参与"，即图 8-1 中的路径②。自评健康能够较为主观地反映老年人的整体健康水平，是反映老年人健康状况的综合指标。而自评健康可能会对社会参与产生影响，因此，自评健康状况好的老年人相对于自评健康状况差的老年人从社会参与中获得效益的可能性更大，也会更进一步促进自评健康水平提高，从而形成良性循环。国内已有研究证明了上述观点，陆杰华等人[2]利用中国高龄老人健康长寿跟踪调查（CLHLS）数据，运用 Logit 模型和固定效应模型分析了老年人自评健康与社会参与之间的相互影响关系，结果发现，自评健康状况好的老年人更容易从社会活动参与中获益，通过心理作用从而更有可能获得较好的自评健康状况，从而形成"自评健康好—社会参与—自评健康好"的良性循环。这与已有研究结论类似，Ding 等人[3]利用澳大利亚的数据研究，指出了老年人心理健康和社区社会参与之间具有相互影响，其中当年心理健康状况更好的老年人更有可能在下一年参与社区活动，而在上一年心理健康状况不佳的老年

---

[1] Maier, H. and Klumb P. L. Social Participation and Survival at Older Ages: Is the Effect Driven by Activity Content or Context? [J]. European Journal of Ageing, 2005, 1: 31-39.

[2] 陆杰华，李月，郑冰. 中国大陆老年人社会参与和自评健康相互影响关系的实证分析——基于 CLHLS 数据的检验 [J]. 人口研究，2017，1: 15-26.

[3] Ding, N., Berry H. L and O'Brien L. V. One-year Reciprocal Relationship between Community Participation and Mental Wellbeing in Australia: A Panel Analysis [J]. Social Science &Medicine, 2015, 128: 246-254.

人相对于心理健康状况好的老年人来说更难从社会参与中获益。

（三）社会资本的影响机理

老年人的健康状况除了通过心理健康的途径，还会通过影响社会资本进而对老年人的社会参与情况产生影响，将这种影响的作用机理归纳为"身体健康—社会资本—社会参与"，即图 8-1 中的路径③。这主要健康状况较差的老年人由于身体功能障碍通常社交网络比健康的老年人要小，其人际交往的对象也大多限于家庭成员或亲戚和朋友，因而缺乏参与社会组织和活动的途径和机会。健康状况良好的老年人其社会经济地位很可能高于其他老年人，这样一来，自身较高的社会经济地位加之良好的健康状况，使这部分老年人更容易获得社会资本，进而促使其更积极地参与社会组织和社会活动，从而形成良性循环。

（四）老年教育的影响机理

老年人的身体健康还会通过影响老年教育进而影响老年人的社会参与水平。这种影响的作用机理为"身体健康—老年教育—社会参与"，即图 8-1 中的路径④。这种作用的机理在于，随着年龄的增长和健康状况的下降，老年人逐渐退出劳动力市场，但依然有一些老年人尤其是农村老年人迫于生活的压力不得不继续参与经济性活动，而那些有经验有技术的老年人在就业中就会显现优势。老年人群体由于其知识结构和技术水平难以跟上日益发展的科学技术的脚步，因此对于大部分老年人而言，要想获得更多的就业机会，就要不断学习，更新自己的知识结构，以适应现代社会对于劳动力的需求。

老年教育无疑是提升老年人知识水平和能力、开发老年人力资源的重要途径，也是老年人参与社会活动的重要桥梁和工具。老年人无论是继续从事生产性活动还是参与志愿者活动，抑或是作为照料者帮忙照看孙辈等都需要具备一定的知识和技能。而各种形式的老年教育不仅可以帮助老年人完善自己的知识结构，提高自己的技能，而且能充实老年人的晚年生活，提升其生活质量，还可以充分发挥老年人的"余热"，使其获得价值感和成就感。

很显然，如果老年人的身体功能有障碍或是认知能力较差，则根本无法参加针对老年人再就业的相关培训，也无法自主地进行学习或跟上现代化的步伐，从而在就业市场上处于不利地位，也无法参与一些需要知识技能的社会活动，大大限制了其社会参与的范围和种类。

第二节　社会参与老年人口对健康的影响机理

通过已有文献可知，社会参与不仅可以对老年人口的身心健康产生直接影响，还会通过影响老年人的生活方式或是健康行为、生活满意度和社会支持进而对老年人的健康产生间接影响。图 8-3 为社会参与可能对老年人口健康产生影响的几条路径，其中既包括了直接路径也包括了间接路径，下文将对其作用机理进行具体的分析。

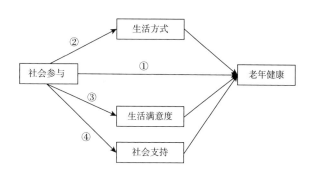

图 8-3　社会参与影响老年人口健康的路径

一　社会参与对老年人口健康的直接影响

首先，社会参与会对老年人的认知能力产生直接的影响，这种影响的作用机理为"社会参与—环境刺激—认知能力"，即图 8-3 中的路径①。有两种假说从生物学的角度给出了社会参与对老年人认知能力影响机理的合理解释。第一种是认知储备假说（The Cognitive Reserve Hypothesis）。[①] 认知储备这个概念源自这种观察：大脑病理程度与该损伤的临床表现之间没有直接的关系。并且已经提出了两个相关模型：被动模型和活跃模型。被动模型（The Passive Model），也被称为大脑储备，假设由于结构神经基质存在个体差异，个体在大脑储备上存在不同（例如总体的大脑大小或神经元突触的数量）。而大脑重量较大的个体被认为具有更多的脑储备，这使他们能够弥补由年龄增长带来的衰老以及与痴呆症相关的病理变化。活跃模型（The Active Model）则更关注个体对大脑退化的补偿能力，该模型表明相同程度的脑部病理会根据个人的脑储备不同而产生不同的影响。根据这一模型，我们有理由认为环境因素（诸如更频繁地参与休闲活动）可以使个体拥有更大的认知储备，从而形成更有效的认知网络，而这反过来又使个体能够通过更好地利用大脑网络来补偿年龄增长带来的认知衰退以及痴呆等病理变化。[②] 认知丰富假说（The Cognitive Enrichment Hypothesis）[③] 同样从生物学角度解释了社会活动影响老年人认知功能的机理，该假说源于认知储备理论，认为随着时间的推移，精神刺激环境有助于认知能力的保持，这是由于刺激的环境可以诱导神经形成。

从上述假说可以看出，脑储备和认知储备这两种储备对于老年人的认知能力具有重要的意义，举例来说脑储备就像计算机的硬件，而认知储备则像计算机的软件。脑储备因人而异，脑储备高的个体即脑部体积较大，密集的神经网络使其可以抵抗病变的侵害，维持脑部功能的正常运转。认知储备是指认知过程能有效地运转，即使在脑损伤后仍然能将有限的神经网络发挥出最佳效率，从而抵抗神经病理的侵害。脑储备从大脑的体积、神经网络的密度的角度来解释抵抗老年人衰退的机制，认知储备则是从信息加工效能方面来阐释，且二者相互作用。因此应鼓励老年人勤用脑，丰

① Stern, Y. What is cognitive reserve? Theory and research application of the reserve concept [J]. Journal of the International Neuropsychological Society, 2002, 8: 448–460.

② Scarmeas, N., & Stern, Y. Cognitive reserve and lifestyle [J]. Journal of Clinical and Experimental Neuropsychology, 2003, 25: 625–633.

③ Fratiglioni, L., Paillard-Borg, S., and Winblad, B. An active and socially integrated lifestyle in late life might protect against dementia [J]. The Lancet Neurology, 2004, 3: 343–353.

富自己的认知储备从而更好地缓解衰老带来的认知衰退以及由脑部病变带来的痴呆症等疾病。

第二种为压力假说（Stress Hypothesis）或神经毒性假说（Neurotoxicity Hypothesis），该假说表明社会活动水平越高的人其心理压力越小。这种直接影响的作用机理为"社会参与—神经元—心理压力"，即图 8-3 中的路径①。具体来说就是认为心理压力与生理反应有关，包括高水平的儿茶酚胺和糖皮质激素，它们可以对健康产生长期的影响，并最终导致损害认知的神经元的变化。① 国外现有研究已经证实，孤独感越强、社会融合度越低的老年人所面临的心理压力越大。② 此外，孤独程度预示着老年人皮质醇水平，这也符合压力引起的生理反应。③ 从这个角度来看，社会参与亦可以防止认知能力的下降，其方式类似于众所周知的社会支持对其他疾病和死亡风险的影响。④ 使用 Lubben 社会网络量表进行横截面研究表明，在中国和新加坡的老年人中，更多的社会联系和较低的抑郁症发病率有关；⑤在马来西亚和泰国的老年人中，较多的社会联系会提高心理健康水平；⑥

---

① Lupien, S. J., McEwen, B. S., Gunnar, M. R., and Heim, C. Effects of stress throughout the lifespan on the brain, behavior and cognition [J]. Nature Reviews Neuroscience, 2009, 10 (6): 434-445.

② Glass, T. A., De Leon, C. F. M., Bassuk, S. S., and Berkman, L. F. Social engagement and depressive symptoms in late life longitudinal findings [J]. Journal of Aging and Health, 2006, 18 (4): 604-628.

③ Adam, E. K., Hawkley, L. C., Kudielka, B. M., and Cacioppo, J. T. Day-to-day dynamics of experience-cortisol associations in a population-based sample of older adults [J]. Proceedings of the National Academy of Sciences, 2006, 103 (45): 17058-17063.

④ Uchino, B. N. Social support and physical health: Understanding the health consequences of relationships [M]. New Haven, CT: Yale University Press, 2004.

⑤ Chan, A., Malhotra, C., Malhotra, R., Ostbye, T. Living arrangements, social networks and depressive symptoms among older men and women in Singapore [J]. Int J Geriatr Psychiatry, 2011, 26: 630-639; Chen S., Conwell Y., Vanorden K., Lu N., Fang Y., Ma Y., et al. Prevalence and natural course of late-life depression in China [J]. J Affect Disord, 2012, 141: 86-93.

⑥ Momtaz, Y. A., Haron, S. A., Ibrahim, R., Hamid, T. A. Social embeddedness as a mechanism for linking social cohesion to well-being among older adults: moderating effect of gender [J]. Clin Interv Aging, 2014, 201: 863-870; Thanakwang K, Ingersoll-Dayton B, Soonthorndhada K. The relationships among family, friends, and psychological well-being for Thai elderly [J]. Aging Ment Health, 2012, 16: 993-1003.

来自韩国 2013 年的数据也表明，社会联系越多，与健康相关的生活质量也就越好。[①] 一项针对 37 个横截面数据的元分析（Meta-Analysis）发现，作为志愿者的老年人其抑郁情绪要少于非志愿者的老年人。[②] 另一项针对北美老年人的研究发现，与非志愿者老年人相比，老年志愿者的抑郁症状较轻，且对医疗服务资源的利用率也较低。[③] 而从一篇关于老年人志愿活动的综述研究中可以发现，参与志愿服务活动的老年人与未参与志愿活动的对照组相比会有较低的抑郁水平。[④] Takagi 等人[⑤]通过对日本老年人的研究发现，在女性老年人中社会参与和抑郁症较少有关联，而这种关联在男性老年人中并不存在。

通过上述机理分析可知，老年人参与社会活动能使其身心均处在一个更具有刺激性的环境当中，从而才能更好地保持其认知能力。例如，老年人如果参加书画协会则需要专注、集中精神以及一定的敏锐度，这些技能均有助于改善老年人的认知能力和记忆能力，从而使老年人能更好地遵医嘱，配合医生或药物的治疗，这对改善其身心健康状况有大大的助益。

二 生活方式的影响机理

社会参与除了会对健康产生直接影响之外，还会通过影响老年人的生活方式或健康行为对老年人的身体健康产生影响。这一路径的影响机理为"社会参与—生活方式—老年健康"，即图 8-3 中的路径②。具体来说，老年人通过社会活动参与在与其他人的互动过程中会分享一些与健康或医疗

---

① Lim, J. T., Park, J., Lee, J., Oh, J., Kim, Y. The relationship between social network of community-living elders and their health-related quality of life in Korean province [J]. J Prev Med Pub Health, 2013, 46: 28-38.

② Wheeler, J. A., Gorey, K. M., Greenblatt, B.. The beneficial effects of volunteering for older volunteers and the people they serve: a meta-analysis [J]. Int J Aging Hum Dev, 1998, 47: 69-79.

③ Gottlieb, B. H., Gillespie, A. A. Volunteerism, health, and civic engagement among older adults [J]. Can J Aging, 2008, 27: 399-406.

④ Von Bonsdorff M. B., Rantanen T. Benefits of formal voluntary work among older people: a review [J]. Aging Clin Exp Res, 2011, 23: 162-169.

⑤ Takagi, D., Kondo, K., Kawachi, I. Social participation and mental health: moderating effects of gender, social role and rurality [J]. BMC Public Health, 2013, 13: 1-8.

相关的信息，例如哪些习惯和行为有利于身体健康，要定期做哪类检查以防止何种疾病的发生，甚至会互相充当健康行为的监督者，监督对方坚持锻炼、定期进行体检等，这些无疑会对老年人的健康产生积极的影响。这一作用机制的理论基础源于老年亚文化群理论，老年人群体往往面临着相似的情景（衰老、孤独等）和需求（物质、精神和照料需求），再加上老年人服务设施、老年人活动场所的兴建，这些都加强了老年人之间的联系，共同促进了老年亚文化群的形成。

已有的研究也已经验证了此种猜想，Brown 等人①发现社会活动参与可能会通过"同辈压力"（peer pressure）来促进健康的生活方式，例如戒烟、戒酒、参加体育锻炼等。与此同时，社会交往也可能通过阻碍健康行为或者鼓励不健康的生活方式而对健康产生负面影响。② 同时，社会交往越多意味着社交网络越大，就可以获取更多的社会支持以及医疗服务相关的信息来源。③ 可靠的社交网络还能起到"缓冲作用"，带来更大的自我效能，进而有利于健康。④ 同时 Moore 等人⑤还发现，拥有较多社会资本的成年人在戒烟后复吸的可能性降低，而缺乏社会联系或者被孤立的人戒烟后复吸的可能性较大。

健康的行为和生活方式也就是有利于个体身心健康的活动和生活方式等，对健康的影响不言而喻，已有研究从吸烟、饮酒、定期进行体育锻炼

① Brown, T. T., Scheffler, R. M., Seo, S. and Reed, M. The empirical relationship between community social capital and the demand for cigarettes [J]. Health Economics, 2006, 15 (11): 1159-1172.

② Smith, K. P., Christakis, N. A. Social networks and health [J]. Annual Review of Sociology, 2008, 24: 405-429.

③ Stephens, K. K. and Rimal, R. N. Expanding the reach of health campaigns: community organizations as meta-channels for the dissemination of health information [J]. Journal of Health Communication, 2004, 9, supplement 1: 97-111.

④ Melchior, M., Berkman, L. F., Niedhammer, I., Chea, M. and Goldberg, M. Social relations and self-reported health: a prospective analysis of the French Gazel cohort [J]. Social Science & Medicine, 2003, 56 (8): 1817-1830.

⑤ Moore S., Teixeira A., Stewart S. Effect of network social capital on the chances of smoking relapse: a two-year follow-up study of urban-dwelling adults [J]. Am J Public Health, 2014, 104: e72-e76.

和饮食习惯等对健康的影响方面进行了分析。Ricci 等人[1]发现，吸烟会使老年人的认知能力衰退进而影响老年人的身体素质。而戒烟不仅能提高老年人的生活质量，降低死亡率，还大大降低了老年人患心血管疾病以及肿瘤疾病的风险。[2] 一项来自荷兰的研究发现，良好的饮食习惯能够预防肥胖以及心血管疾病、糖尿病等相关疾病，低热量饮食是对抗肥胖的首要选择。[3] Hill 等人[4]通过记录 87 名老年人长期进行有氧训练的情况，并通过与不运动组老年人进行对比发现，长期锻炼会增强心脑血管的活力，还会延缓由年龄增长而产生的语言记忆功能的衰退。

三 生活满意度的影响机理

社会参与还可能通过影响老年人的生活满意度进而对健康状况产生影响。这一路径的作用机理为"社会参与—生活满意度—老年健康"，即图8-3 中的路径③。具体来看，社会参与程度较高的老年人更容易对生活感到满意，进而身心更健康。根据活动理论的假设，生活满意度源于清晰的自我认识，自我认识源于新的角色，新的角色源于参与社会的程度，因此活动理论鼓励老年人在晚年能够尽可能地参与社会活动，这不仅有利于他们的身体健康，更对心理健康有积极影响。

已有研究证明了社会活动参与对于生活满意度的积极影响。Chunkai Li 等人[5]运用结构方程模型发现，社会参与和老年人的生活满意度及抑郁有

① Ricci, N. A., et al. Influence of history of smoking on the physical capacity of older people [J]. Archives of Gerontology and Geriatrics, 2011, 52 (1): 79.

② Costa, A. A., Filho, J. E., Arau´jo, M. L., Ferreira, J. S., Meirelles, L. R., Magalha¯es, C. K., Tobacco Control Multiprofessional Program: aspects related to long term abstinence [J]. Revista da SOCERJ, 2006, 19: 397–403.

③ Van Baal, P. et al. Cost-effectiveness of a Low-Calorie Diet and Orlistat for Obese Persons: Modeling Long-Term Health Gains through Prevention of Obesity-Related Chronic Disease [J]. Value in Health, 2008, 11 (7): 1033–1040.

④ R. D. Hill, M. Storandt, M. Malley. The Impact of Long-term Exercise Training on Psychological Function in older Adults [J]. Journal of gerontology, 1993, 1: 12–17.

⑤ Chunkai Li, Shan Jiang, Na Li, Qiunv Zhang. Influence of social participation on life satisfaction and depression among Chinese elderly: Social support as a mediator [J]. J. Community Psychol, 2018, 46: 345–355.

显著的相关性，社会参与水平越高就会得到更多的社会支持，抑郁症状也会缓解。Myungsook Woo 和 Sunghoon Kim[①] 发现，在中国台湾地区，包括社会网络和信任在内的社会资本与生活满意度呈正相关关系。马丹[②] 以"中国家庭追踪调查"数据为支撑，证明了非正式的社会参与（包括打牌、聚餐、闲聊、参加书友会等）对生活满意度起到了积极的作用。刘西国[③] 利用工具变量法克服了内生性问题后发现，参与社交活动能有效提高老年人的生活满意度。在某种程度上，社会活动可以使老年人保持他们扮演社会角色时所需要的技能，并保持身心健康。[④] Lee[⑤] 通过对 382 名老年人的调查研究发现，一方面，当社交网络扩大时，社会资本会通过社会参与增加个体的幸福感、对生活的满意度以及整体的心理健康都会得到相应的改善；另一方面，当参与社会活动的需求得不到满足时，很可能会导致诸如自杀或者加速死亡等不良后果的发生。

生活满意度和健康状况二者本身互为因果，又存在着内生性的问题，目前国内关于生活满意度对健康的影响罕有论述，国外有一些研究对此进行了探讨，Nazim Habibov 和 Elvin Afandi[⑥] 对 28 个东欧和中欧的发展中国家进行研究，排除了反向因果关系和内生性的影响之后，单独解释了生活满意度对自评健康的影响，结果表明生活满意度越高，健康状况越好。德

① Myungsook Woo, Sunghoon Kim. Does social capital always raise life satisfaction? A comparison of South Korea and Taiwan [J]. Int J Soc Welfare, 2018, 27: 121-131.

② 马丹. 社会网络对生活满意度的影响研究：基于京、沪、粤三地的分析 [J]. 社会, 2015, (03): 168-192.

③ 刘西国. 社交活动如何影响农村老年人生活满意度 [J]. 人口与经济, 2016, (02): 40-47.

④ Miller, L. M., Dieckmann, N. F., Mattek, N. C., Lyons, K. S., & Kaye, J. A. Social activity decreases risk of placement in a long-term care facility for a prospective sample of community-dwelling older adults [J]. Research in Gerontological Nursing, 2014, 7 (3): 106-112.

⑤ Lee, H. The impact of social activity on life satisfaction and depression of community-dwelling elderly: Comparing living arrangement [J]. Journal of Community Welfare, 2014, 48 (1): 269-290.

⑥ Nazim Habibov, Elvin Afandi. Does life satisfaction determine subjective health [J]. Applied Research Quality Life, 2016, 11: 413-428.

国的一项研究表明，生活满意度的降低和急剧下降都预示着较高的死亡风险。① 更高的生活满意度会提高和拓宽个体的认知能力和注意力范围，同时增强其应对机制和复原能力，而所有这些都大大有助于心理健康。②

四　社会支持的影响机理

社会参与还可能会通过影响老年人的社会支持（包括情感支持和经济支持）进而对健康产生影响，即社会支持在社会参与和老年人健康之间具有中介作用。这一路径的作用机理为"社会参与—社会支持—老年健康"，即图 8-3 中的路径④。根据社会资本投资理论（The Investment Theory of Social Capital）可知，人们在社会参与中花费了时间和精力，那么便可从中获得社会支持。③ 该理论还可以被用来检验社会参与对社会支持的贡献度，更高水平的社会参与预示着更多的社会支持。有许多实证研究均表明了社会参与和社会支持具有很强的直接相关性，投入社会参与中的人会得到社会支持。④

较多参与社区活动的老年人会得到更多的社会支持和更好的健康状况，如参与宗教活动、社会集会等团体活动对健康有积极的影响。⑤ 社会互动和社会参与还可以防止社会孤立以及由社会孤立引发的对健康的负面

① Hülür, Gizem et al. Levels of and changes in life satisfaction predict mortality hazards: Disentangling the role of physical health, perceived control, and social orientation [J]. Psychology and Aging, 2017, 32 (6): 507-520.

② Fredrickson, B., Mancuso, R., Branigan, C., and Tugade, M. The undoing effect of positive emotions [J]. Motivation and Emotion, 2000, 24 (4): 237-258; Tugade, M., Fredrickson, L., and Feldman Barrett, L. Psychological resilience and positive emotional granularity: examining the benefits of positive emotions on coping and health [J]. Journal of Personality, 2004, 72 (6): 1161-1190.

③ Colclough, G., &Sitaraman, B. Community and social capital: What is the difference? [J]. Sociological Inquiry, 2005, 75 (4): 474-496.

④ Chiu, A. S. Social participation, self-perception, and social support in boys livingwith hemophilia [D]. University of Toronto. 2015.

⑤ Kawachi. I., Kennedy, B. P. and Glass, R. Social capital and self-rated health: a contextual analysis [J]. American journal of public health, 1999, 89 (8): 1187-1193.

影响。① Berkman 和 Kawachi② 的研究也证明了社会参与会为老年人提供情感支持、个人满足感以及信息需求。Chunkai Li 等③运用结构方程模型发现，社会参与和老年人的生活满意度及抑郁有显著的相关性，社会参与水平越高越会得到更多的社会支持，抑郁症状也会减少。

第三节　相互影响的循环机理

从上述的分析中可以总结出，老年人口健康和社会参与之间存在着相互影响的循环机理，其中又分为良性循环机理和恶性循环机理，具体情况如图 8-4 和图 8-5 所示。

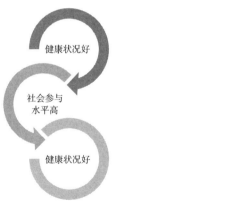

图 8-4　良性循环机理　　　　**图 8-5　恶性循环机理**

良好的健康状况是老年人进行社会参与的前提和基础。健康状况较好

① Rocco，L. and Suhrcke，M. Is social capital good for health? A European perspective. Copenhagen，WHO Regional Office for Europe. 2012.

② Berkman，L.，F. & Kawachi，I. Social cohesion，social capital，and health ［A］. L. Berkman，I. Kawachi. Social Epidemiology ［C］. New York：Oxford University Press，2000：175-190.

③ Chunkai Li，Shan Jiang，Na Li，Qiunv Zhang. Influence of social participation on life satisfaction and depression among Chinese elderly：Social support as a mediator ［J］. J. Community Psychol，2018，3：345-355.

的老年人在社会参与时有更多的选择，其社会参与的范围更广，社会参与的频率更高，而积极的社会参与会对大脑产生刺激，进而有助于维持较强的认知能力，从而对健康产生积极的影响。与此同时，老年人自身的健康状况越好，心情会变得更加愉悦，从而也会以更加积极的心态去参与各种各样的社会活动，同时认知能力较强的老年人会更有能力参与到社会活动中，从事志愿者活动或者帮助他人等奉献类的活动，进而获得更多的社会资本。除此之外，社会参与水平较高的老年人能够获得较好的生活方式、更高的生活满意度和更多的社会支持，进而对改善自己的身心健康有大大的助益，以此形成"健康状况好—社会参与水平高—健康状况好"的良性循环。

相反，如果老年人自身的健康状况较差，无法参与一些需要体力或者知识技能的活动，从而大大限制了老年人社会参与的范围和种类。同时缺乏社会参与的老年人较难获得健康或医疗相关的信息，生活满意度较差，更难获得社会支持，从而不利于老年人的身心健康，从而形成"健康状况差—社会参与水平低—健康状况差"的恶性循环。

为此，处于恶性循环中的老年人应当积极做出改变，在自身条件允许的情况下尽可能进行多样化的社会参与，保持与社会的联系，以获得更多的社会资源和相关信息，提升自己的健康水平。如果由于身体条件限制了社会参与的类型，那么可以通过增加某种社会参与的频率来提高自身社会参与的水平，更多地融入社会生活中以获得有利于身心健康的积极效用，从而打破"健康状况差—社会参与水平低—健康状况差"的恶性循环，实现"健康状况好—社会参与水平高—健康状况好"的良性循环。健康和社会参与之间的良性循环关系是使积极老龄化政策框架下三个支柱——健康、参与和保障之间形成相互促进的良性循环体系的关键所在，也是实现积极老龄化的重要途径。

第九章　结论与展望

本研究运用大型微观调查"中国健康与养老追踪调查"（CHARLS）数据，对我国老年人口健康和社会参与的相关关系进行了较为深入的探讨。运用潜类别分析法、虚弱指数法、潜变量增长模型等方法，分别从社会参与的类型和频率两方面探讨了我国老年人口健康和社会参与相互影响的大小、方向和机理，并得出了以下结论。

第一节　研究结论

第一，我国老年人整体健康状况一般，随着年龄的增长虚弱程度提高。

从虚弱指数的特征来看，我国老年人身体虚弱指数随着年龄的增长而不断攀升，直至80岁以后放缓甚至呈现下降趋势。同时，身体虚弱指数呈现明显的性别差异和城乡差异，男性老年人的身体虚弱指数低于女性老年人，且男性老年人身体虚弱指数随年龄的增长明显比女性老年人要缓慢，也就是男性老年人的身体健康状况好于女性老年人，且老化速度较女性老年人慢。从城乡差异来看，城镇老年人的身体健康状况一直优于农村老年人，直至85岁之后农村老年人的健康状况反过来优于城镇老年人。老年人的心理虚弱指数处于平稳中略有波动的状态，且同样存在性别和城乡差异。男性老年人的心理健康状况整体比女性老年人要好，城镇老年人的心理健康状况整体好于农村老年人。

从慢性病的患病率来看，我国老年人自报患病率超过10%的几种慢性病依次是关节炎/类风湿、高血压病、消化系统疾病、心脏病、血脂异常和肺部疾患。同时老年人慢性病现象严重，有12.63%的老年人同时患有高血压病和关节炎/类风湿，有11.38%的老年人同时患有胃部疾病和关节炎/类风湿，有8.9%的老年人同时患有高血压病和心脏病，以上是共患疾病比例的前三位。

第二，我国老年人整体社会参与水平较低，参与形式不够多元化。从整体上来看，我国老年人社会参与的比例不高，有超过一半的老年人没有任何社会活动参与，且老年人参与社会活动的项目较为单一，不够多样化。参与比例最高的前3项活动分别为串门、跟朋友交往，麻将、棋牌类和向与您不在一起的亲人、朋友或者邻居提供帮助。参与频率最高的前3项活动分别为跟朋友交往，打麻将、下棋、打牌、去社区活动室，以及跳舞、健身、练气功等。在对老年人社会参与进行分类之后，"不愿参与"型的老年人比例最高，为53.5%，"多样参与"型老年人的比例仅为1.6%，"人际互动"型和"帮助他人"型的比例分别为36.2%和8.6%，可见老年人社会参与的形式较为单一，缺乏多元化的社会参与。

第三，老年人的健康状况是社会参与的前提和基础。只有在保证身体健康的前提下老年人才有可能进行多样化的社会参与，若健康状况较差则会制约老年人社会参与的范围和水平。从健康对于老年人社会参与类型的影响来看，在不考虑其他控制因素的情况下，老年人身体和心理健康状况越差，进行多样化社会参与的可能性越低，"不愿参与"型的可能性越高。从控制变量来看，女性、受教育程度高、无配偶、已退休、社区内有活动场所、饮酒、有照料支持、有存款的老年人社会参与类型为"多样参与"型的可能性更大。女性、受教育程度高、无配偶、已退休、社区内有活动场所、吸烟和有存款的老年人社会参与类型为"人际互动"型的可能性更大。而低龄、受教育程度高、无配偶、已退休、居住在农村、饮酒、有存款的老年人更倾向于"帮助他人"型的社会参与。

从健康对老年人社会参与频率的影响来看，老年人个体的社会参与频率在初始水平和增长速度上均存在显著的个体间差异，而社会参与频率的增长变化率与初始水平之间存在着显著的反向关系。身体健康状况和心理健康状况较差的老年人较少进行社会参与。不同性别、年龄、婚姻状况、受教育程度和城乡类型的老年人在社会参与频率的初始水平上均存在着显著的差异。年龄对社会参与频率的变化速率有显著的负向影响，受教育程度对变化速率有显著的正向预测作用。

第四，积极的社会参与是老年人健康促进的有效途径。通过定量研究分析发现，从老年人社会参与的类型来看，"多样参与"组老年人的身体健康状况最好，"不愿参与"组老年人的身体健康状况最差，即进行多样化的社会参与对老年人身心健康均有积极的影响。从个体特征因素来看，男性、低龄组、受教育程度较高、已退休和居住在城镇的老年人的身体健康状况更好。从行为方式因素来看，吸烟、饮酒以及有体力活动的老年人身体健康状况较好。从社会经济因素来看，有照料支持和存款的老年人身体更健康。社会参与类型对心理健康的影响与身体健康基本一致，"多样参与"组老年人的心理健康状况最好，在加入了各个控制变量之后影响依然显著。男性、高龄组、受教育程度较高、有配偶、已退休和居住在城镇、不吸烟、饮酒，有养老保险、照料支持和存款的老年人心理健康状况更好。

从社会参与频率来看，老年人的身体健康和心理健康在初始水平和增长速度上均存在个体差异。身体虚弱指数的增长变化率和初始水平呈现显著的反向关系，而心理虚弱指数的变化速率和初始状态间则无显著关联。社会参与频率对老年人身体和心理健康均有显著的预测作用，社会参与频率的增加有利于老年人的身心健康。从个体特征因素来看，性别、年龄、受教育程度和城乡类型对老年人身体虚弱指数的截距项均有显著的预测作用，而只有年龄与身体虚弱指数的斜率因子有显著的负相关关系。所有的个体特征变量对老年人心理虚弱指数的截距项均有显著的预测作用，而对变化斜率有显著影响的因素只有婚姻状况。

第五，老年人社会参与和健康的个体差异显著。本研究通过对老年人社会参与和健康状况的初始水平以及二者在观测期内的变化率的个体差异进行考察可以发现，老年人个体的社会参与频率在初始水平和增长速度上均存在显著的个体间差异，老年人社会参与频率的增长变化率与其社会参与频率的初始水平之间存在着显著的反向关系，也就是说基期社会参与频率越高的老年人其社会参与频率变化的速率较慢。与此同时，老年人个体的身体健康和心理健康状况在初始水平和增长速度上也存在着显著的个体间差异。初始状态即基期身体健康状况较差的老年人个体其身体状况的下降速度较慢，而心理健康的变化速率和基期的心理健康状况则不存在显著的联系。

第六，老年人口健康和社会参与之间存在着相互影响的循环关系。从第六章和第七章定量分析可得出以下结论：①身心健康状况好的老年人为"多样参与"型的可能性越大，社会参与的频率也越高。而与"不愿参与"型的老年人相比，"多样参与"、"人际互动"和"帮助他人"型的老年人其身心虚弱指数较低，即老年人的健康状况更好，社会参与频率高和老年人健康状况也有显著的正相关关系，即社会参与频率越高的老年人健康状况也越好。②身心健康状况差的老年人为"不愿参与"的可能性较大，社会参与的频率也较低。而与其他三种类型的社会参与相比，"不愿参与"型老年人的身心虚弱指数最高，而社会参与频率低的老年人健康状况也较差。由此可以看出，老年人口健康和社会参与之间存在着两种相互影响的循环机制，一种为"健康状况好—参与多样化/频率高—健康状况好"的良性循环，另一种为"健康状况差—不愿参与/频率低—健康状况差"的恶性循环。

第二节　政策启示

针对我国老年人口健康和社会参与方面的现状和存在的问题，以及本研究结果可以发现，我们要鼓励老年人根据自身实际情况进行社会参与，从而实现老年人口健康和社会参与之间的良性互动。为此，我们可以从政府、社区、家庭和老年人个人四个方面做出努力。

（一）政府主导，创造社会参与的条件

2002 年"联合国第二届世界老龄大会"通过的《政治宣言》中强调"政府担负着主要责任，应当促进、提供和确保获得基本社会服务，同时铭记老年人的具体需求"。而我国本身就存在着一种政府文化，正所谓集

中力量办大事，政府的主导是运行国家事务和解决一切社会问题的关键。因此，政府部门应发挥主导作用，为老年人的社会参与创造条件，扫清障碍。

1. 加强宣传，引导社会树立"积极老龄化"观念

"积极老龄化"立足于整个社会发展来看待老年人口的问题，强调参与社会是老年人应该享有的权利，也是推动社会发展的重要因素。而目前社会上"积极老龄化"的观念还不够普及，还有不少人认为老年人是社会的负担，因此加强对"积极老龄化"理念的宣传十分重要。让社会各界了解到人口老龄化给我国社会带来的影响，意识到老年人在社会经济发展中的重要地位，将国际社会提倡的"引导老年人走健康老龄化道路"的社会参与理念作为目前老龄工作的重点内容。引导老年人改变固有的价值理念，积极参与社会发展，更有尊严和价值地生活，把老年人从社会发展的拖累者变为推动者。

2. 建立老年人社会参与的配套机制，针对不同老年人群体的就业和退休制定政策

建立健全相应的管理机制是推动老年人参与社会的重要保障。为此，政府应着力建设老年人社会参与机制，多部门协调合作创造有效平台，完善相关政策体系，推进老年人资源的利用。

首先，根据老年人个体差异的特点，针对不同的老年人群体制定相应的政策。这就要求老龄科学工作者注意科研的适应性和政策性，根据老年人的年龄、性别、城乡、受教育水平以及健康状况的差异研究不同老年人群体的社会参与倾向。

其次，关注不同老年人群体的就业和退休规定。国家应当重点扶持和帮助农村老年人，尤其为了获取基本的生活保障而从事劳动生产的农村贫困老年人。而对于离退休干部以及具有一定受教育水平的知识分子，政府在退休的政策上应组织和引导老年人参与社会的发展，利用自己的技术和丰富的经验继续为社会做出贡献。一方面，应该鼓励一部分拥有特殊技能和专业知识的人员适当延长退休年龄；另一方面，还应该鼓励并支持那些已经退休但是身体尚且健康，同时有能力继续从事正式和非正式工作的老

年人群体继续为社会做贡献。此外，对于参与奉献型社会活动的老年人如帮助、照料他人等，我国还没有制定专门的支持政策，他们的支持仅仅体现在居家养老服务的内容之中。

3. 完善我国老龄政策中的"老有所为"，认可并支持老年人在家庭和社区中的重要作用

"老有所为"是六个"老有"——老有所养、老有所医、老有所为、老有所学、老有所乐和老有所教之一，这集中体现了老年人社会参与在我国目前的老年人政策体系中扮演着非常重要的角色。在 2006 年国务院发布的《中国老龄事业的发展白皮书》①中用"社会参与"一词表达了"老有所为"的概念，即重视并珍惜老年人的知识、经验和技能，尊重其优良品德，并为了发挥他们的专长及作用积极创造条件，鼓励、支持老年人融入社会，继续参与社会发展。事实上，我国自 20 世纪 80 年代开始，便先后颁布了一系列鼓励老年人进行社会参与的政策法规，还将鼓励老年人参与社会发展作为老龄事业的重要内容，关于中国老年人社会参与的政策变化历程详见图 9-1。

可以看出，过去关于"老有所为"的政策倾向于离退休干部和老年知识分子，而对于普通的老年人，特别是广大农村地区的老年人的社会参与则很少关注，更没有给予足够的支持和鼓励。事实上，在当前快速城镇化的进程中，农村的青壮年劳动力大多流入城市，广大的农村地区正是靠着部分农村老年人的"老有所为"——或是继续从事农业劳动，或是抚养留守在农村的孙辈，为子女们解决了后顾之忧，是我国经济快速发展的重要后盾。为此，我们应为农村老年人的社会参与创造条件，使他们能够实现健康老龄化、积极老龄化，有尊严地、有保障地安享晚年。而城市中有相当一部分老年人从事的是无偿的贡献活动，比如在家庭中照料孙辈、承担家务劳动，在社区中维护治安、帮忙调解邻里纠纷或是维护社区环境、充当老年志愿者等，诸如此类的活动均为非正式的、非组织性的且没

---

① 中华人民共和国国务院新闻办公室. 中国老龄事业的发展白皮书［R/OL］. http：//www.gov.cn/zhengce/2006-12/12/content_ 2618568. htm.

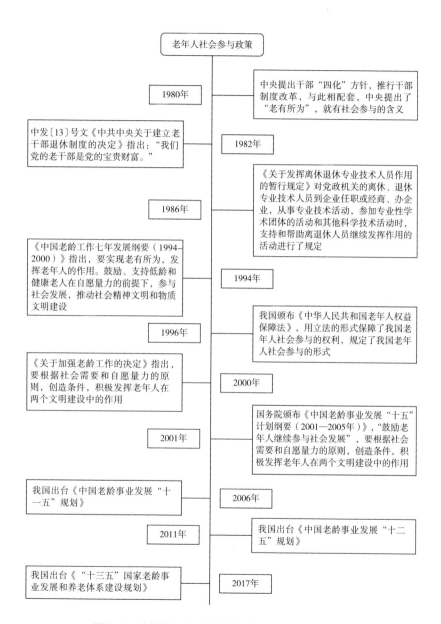

图 9-1　中国关于老年人社会参与的政策变化历程
　　资料来源：全国老龄工作委员会办公室．第四次中国城乡老年人生活状况抽样
调查数据开发课题研究报告汇编［M］．华龄出版社，2018．

有报酬的无偿劳动。而恰恰是这些活动，缓解了他们的中年子女来自家庭的压力，使其有更多的时间和精力专心的投入工作中，创造出更多的价值。这是由我国的传统文化决定的，而欧美国家则没有老年人帮忙带孙子女的传统，因此导致很多年轻夫妇中至少有一人全职居家照顾子女，从而影响了其在劳动市场上的价值。由此可见，老年人在家庭和社区中的无偿劳动实际上发挥的社会经济效应不容小觑。

为此，我们应对老年人在家庭和社区中发挥的作用给予充分的认可和支持，加大力度发展社区力量为老年人提供服务。除此之外，政府还要通过一些经济类的、服务类的以及心理方面的项目或方式为老年人提供切实的帮助，使老年人能在家庭和社区中发挥更大的作用，这也应该是今后老龄工作以及相关政策的方向和重点。

4. 积极推动老年教育和终身学习，以提高老年人社会参与的能力

正如在前文理论基础部分提到的，老年人无论是继续从事经济活动，抑或是照料家人、充当志愿者等无偿的活动，任何一种形式的社会参与都需要一定的知识和技能作基础。而老年教育正是老年人获取知识、提升自身能力和价值的主要途径。因此，首先，应当有针对性地对那些有意愿再就业的老年人进行培训，尤其是对那些经济基础差、技术能力低，有强烈的再就业愿望的老年人进行相关的培训和指导。其次，要尽可能地创造让老年人和年轻人一起学习的机会和条件，老年教育是终身教育的重要组成部分，老年教育不应该将老年人群体从其他群体中"隔离"出来，而是应当尽可能提供跨越年龄、专业的学习机会，让老年人能够有机会在中学、大学的课堂享有教育机会，实现跨代关系的融合（issues of integration）。

（二）社会支持，搭建社会参与的平台

社会支持指的是个体从社会关系中所获得的包括工具性的以及情感性的社会资源，这些社会资源可以帮助个体应对社会风险。[①] 而老年人在进

---

① Lin N., Ensel W. M. Life Stress and Health: Stressors and Resources [J]. American Sociological Review, 1989, (3): 82-399.

行社会参与时主要从两个层次获得支持：一是来自社会团体或组织的支持；二是来自社区的支持。

1. 社会团体和组织的支持

目前社会上的一些社会团体和非营利性社会组织的职能和影响不断扩大，并逐渐成为社会支持的重要组成部分。而老年人在社会参与的过程中离不开这些有组织的社会团体的帮助，因此为了更好地支持老年人的社会参与，社团组织应该在以下几个方面发挥作用。

首先，应提供多元化的服务。前文的实证分析结果已经表明，进行多元化社会参与的老年人其健康状况更好，而仅靠老年人自身是无法组织和提供多样化的社会活动的，因此社团组织可以根据各个层次老年人的不同需求，为其提供陪护、照料、教育、医疗等各种不同的服务，成为独立的服务主体。这样一来，可以把具有相同兴趣爱好的老年人组织起来，扩大老年人社交范围的同时，还可以更好地服务社会。老年人则可以根据自身特点和需要更有选择性地参与不同的社团组织，发挥自己的余热和特长。

其次，还可以为老年人的社会参与提供相应的物质支持。老年人进行社会参与不仅需要活动场所，还需要活动经费的支持，而这些不能一味地靠政府的支持，社团组织也要承担部分责任，为老年人参与社会提供一定的物质支持。

2. 社区的支持

社区是我国老年人尤其是城镇老年人参与社会活动的主要场所，正如前文中提到的，我国老年人的社会参与有很大一部分为人际互动型的社会参与，而人际互动又多集中在家庭成员、亲友之间，对于那些年龄较大、身体机能较差的老年人来说，其社会活动参与的范围受到了限制，活动场所也主要集中在自家的社区内。而对于广大农村地区的老年人来说，基本的活动场所和设施都难以得到保障。因此，社区内的环境和设施直接决定了老年人社会参与的水平、质量以及形式。由前文的实证分析结果可知，社区内有活动场所的老年人更倾向于进行多样参与型以及人际互动型的社会参与。与此同时，社区是一个涵盖政治、经济、文化、教育、就业、医疗、卫生等几乎所有社会要素的社会系统。正所谓"社区小社会，社会大社区"，社区在老年人社会参与过程中有其他单位和组织无法比拟的优势，其拥有丰富的社会资源，能满足老年人多样化的社会参与需求，为社会参与提供平台。①

为此，我们要积极推进社区建设，以社区为依托搭建老年人的社会参与平台，为老年人参与社会活动提供便利。首先，要加强社区内的基础设施建设，为老年人特别是农村老年人的活动提供合适的场所。如在社区增加适合老年人的健身器械或娱乐设施，满足老年人的基本需求，还可以增添一些长椅、圆桌，为老年人之间的交流提供便利，并定期对设备进行维修和管理，以免出现损坏器械误伤老年人的情况。其次，作为养老服务的重要平台，社区在为老年人提供生活照料服务的同时，还提供了许多信息，例如老年人协会和就业服务中心等组织为老年人提供正规的就业和志愿服务信息，这些有助于提高老年人的生活质量。为充分发挥社区的为老服务职能，一些有能力的街道应当设立具有一定规模的老年活动中心，活动中心应尽可能提供棋牌等娱乐活动，乒乓球、台球等运动项目，书法、美术、唱歌等文化类活动，健康或心理咨询服务以及图书室等设施，为老年人社会参与提供全方位的社区平台，提高老年人的心理健康水平。此外，还要积极鼓励和引导老年人进行社会参与，为此社区应更多地组织和开展社区活动，丰富活动形式，并对积极参与活动的老年人给予充分的肯定和表扬，提高老年人参与社区活动的积极性，将社区打造成一个信息交流、了解社会和增进友谊的平台。

（三）家庭鼓励，保障老年人的社会参与

家庭是老年人日常生活的主要场所，也是老年人晚年重要的精神依托。老年人与子女之间的关系及相处方式会直接影响老年人的生活方式。老年人社会参与的水平更在很大程度上取决于家人的态度，有的老年人为了照料孙子女或是怕孩子担心而减少了社会活动参与，有些子女出于对父

---

① 刘颂. 积极老龄化框架下老年社会参与的难点及对策［J］. 南京人口管理干部学院学报，2006，4：5-9.

母的关心或者其他的考虑而限制老年人的社会参与。来自家人的鼓励和支持对于老年人社会参与具有重要意义。

首先，家庭成员应鼓励和支持老年人积极参与各种各样的社会活动。向家里的老年人宣传社会参与的种种益处，使其充分了解社会参与无论是对自己的身心健康，还是对于家庭、社会来说都具有重要的意义。很多老年人，尤其是女性老年人都具有奉献精神，退休后的时间也都用在为家人服务上面，而不是好好享受退休生活。作为子女，应当帮助老年人转变这种思想，让他们毫无心理压力、积极乐观地去进行社会参与。

其次，要为老年人提供资金上以及精神上的支持，创造良好的社会参与条件。正如前文中提到的，许多老年人虽有主动参与社会的意愿，但是苦于没有相应的渠道和社会资源，参与社会活动受到了限制，尤其是农村的老年人，有的连基本的吃穿、医疗问题都难以得到解决，又何谈社会参与。而此时如果子女能为老年人分担一些生活上的压力，为他们提供一些资金上的支持，比如为老年教育或培训班支付学费，使老年人社会参与得到保障。此外，子女还可以通过自己的社会资源为老年人提供社会参与的相关信息和渠道，或者介绍其加入一些老年志愿者协会、老年人组织等，丰富老年人的业余生活，使其融入新环境。

（四）培养社会参与意识，根据自身实际情况选择适合自己的社会参与形式

政府的引导、社会的支持以及家庭的鼓励，是老年人社会参与所需的客观条件和外部环境，而决定老年人社会参与水平的内在和关键因素还是老年人本身。社会参与的主体是老年人自己，以什么态度参与会直接决定老年人社会参与的质量。只有老年人自身意识到社会参与的重要性和必要性，并以积极乐观的态度进行社会参与，才能切实保证社会参与的质量。

首先，应当树立"老当益壮""老有所为"的积极心态。在思想上摒弃人老了之后就"不中用"的观念，对人的衰老要持有积极的态度，对学习新知识抱有热情和信心，这是提高老年人社会参与水平、保持老年人身心健康的前提条件。社会上很大一部分人对老年人仍然持有陈旧观念，认为老年人健忘、学习和决策能力较差等。[①] 事实上，不仅是老年人本身，包括老年人的家庭成员、朋友、卫生保健人员或其他照护者对老年人都存在这些观念。[②] 这只是传统的社会观念，并不能反映老年人的实际能力。一项来自美国的对记忆表现的研究表明，60~75 岁的老年人和 17~24 岁的年轻人相比，其学习和记忆两种实验的结果并没有实际的差异。[③] 另一项研究也表明，提前对老年人进行有关记忆的积极说明，使他们能够发现有效的记忆策略，缩小与年轻人完成记忆任务的差距。[④] 由此可见，要加强老年人对老龄化的认识，改变传统观念，使老年人能够积极主动地进行社会参与。

其次，要加强老年人对自身的了解以选择适合自己的社会参与形式。由前文的实证结果可知，老年人群体具有较大的差异性，并非所有的老年人都适合进行某种社会参与，也并非一定要参与社会活动才能保持健康的体魄。在活动理论中也提到过，有些老年人由于自身性格的原因，喜静不喜动，或是喜爱在家的悠然娴静，如果违反其意愿硬要其进行社会参与，恐怕会适得其反。因此，老年人要结合自身的实际情况，选择参与适合自己的社会活动，从而达到促进身心健康的目的。

第三节　研究不足与研究展望

由于本研究所使用的 CHARLS 调查问卷并非为了研究老年人社会参与问题而专门设计的，因此问卷中与社会参与相关的内容有限，涉及的社会参与的范围较窄，例如未能涵盖老年人的政治参与、经济活动参与，

---

① Carstensen, L. L., Hartel, C. R.. When I'm 64 [M]. Washington DC: National Academies Press, 2006.

② Lindberg, C., Fagerström, C., Sivberg, B., Willman, A. Concept analysis: patient autonomy in a caring context [J]. Journal of Advanced Nursing, 2014, 70 (10): 2208-2221.

③ Rahhal, T. A., Hasher, L., Colcombe, S. J. Instructional manipulations and age differences in memory: now you see them, now you don't. Psychol Aging, 2001, 16 (4): 697-706.

④ Hess, T. M., Auman C., Colcombe, S. J., Rahhal, T. A.. The impact of stereotype threat on age differences in memory performance [J]. J Gerontol B Psychol Sci Soc Sci, 2003, 58 (1): 3-11.

也并未进行频率的测量等。关于社会参与的数据是通过询问被访者上个月参与社会活动的情况而得，这种方法比某些长时期的回顾性问题更贴近于真实的社会活动参与情况。[①] 但这种方法也有缺陷，可能会排除那些虽平时长期进行社会活动参与，但被调查时的前一个月由于生病或其他特殊原因暂时中止某些社会活动的情况。在今后的研究中，应尽可能纳入更多的社会参与种类，以期对老年人社会参与有更为深入的研究。

老年人的社会参与行为很大程度上受到其中年时期生活方式和行为习惯的影响，在探讨老年人口健康和社会参与的相关关系时，模型中虽然控制了个体特征因素、行为方式因素以及社会经济因素，但由于数据的限制，忽略了其中年甚至童年时期行为习惯的影响，此外对影响老年人口健康和社会参与的其他不可观测性变量诸如遗传基因、自然环境等也未进行深入探讨。因此，在下一步的研究中，应当从生命历程的视角出发，对影响老年人口健康和社会参与的因素进行更为深入的剖析。

本研究使用潜变量增长模型试图对老年人的健康状况和社会参与频率随时间变化的趋势进行刻画。然而所使用的 CHARLS 追踪调查数据仅包括 2011 年、2013 年和 2015 年 3 个调查时点的数据，中间的跨度只有 4 年。因此，老年人的健康状况和社会参与频率变化趋势难以充分体现，同时，在第 3 个调查时点有可能存在一些偶然因素扭曲发展趋势，若想更准确地观察老年人口健康和社会参与的发展趋势还需要更多的追踪数据。随着 CHARLS 全国追踪调查数据的陆续公开发布，下一步研究可利用更长跨度的数据对老年人口健康和社会参与之间的关系进行更为深入和全面的探讨。

---

① Hank, K. and Stuck, S. Volunteer work, informal help, and care among the 50+ in Europe: further evidence for 'Linked' productive activities at older ages [J]. Social Science Research, 2008, 37 (4): 1280-1291.

参考文献

[1] Nagarkar, A. and S. Kulkarni. Association Between Social Participation and Self-rated Health Among Older Adults in Pune [J]. Indian Journal of Gerontology, 2015, 29 (4): 432-444.

[2] Alzheimer's Disease International. World Alzheimer Report 2015: The Global Impact of Dementia [R]. 2015: 25.

[3] Arokiasamy, P., et al. Longitudinal Study in India: Vision, Design, Implementation, and Preliminary Findings [A]. Smith J. P. and M. Mujumdar. Ageing in Asia: Findings from New and Emerging Data Initiatives [C]. Washington DC: National academy Press, 2012: 36-76.

[4] Adam, E. K., et al. Day-to-day dynamics of experience-cortisol associations in a population-based sample of older adults [J]. Proceedings of the National Academy of Sciences, 2006, 103 (45): 17058-17063.

[5] Aartsen, M. J., et al. Activity in Older Adults: Cause or Consequence of Cognitive Functioning? A longitudinal Study on Everyday Activities and Cognitive Performance in Older Adults [J]. Journal of Gerontology: Psychological Sciences, 2002, 2: 153-162.

[6] Georgian, B. and B. Lorand. The influence of leisure sports activities on social health in adults [J]. SpringerPlus, 2016, 5: 1647.

[7] Brown, C. L., et al. Social activity and cognitive functioning over time: a coordinated analysis of four longitudinal studies [J]. Journal of Aging Research, 2012: 1-12.

[8] Adams, B. K., Leibrandt, S. and Moon H. A critical review of the litera-

ture on social and leisure activity and well-being in later life [J]. Ageing and society, 2011, 31 (4): 683-712.

[9] Brown, T.T., et al. The empirical relationship between community social capital and the demand for cigarettes [J]. Health Economics, 2006, 15 (11): 1159-1172.

[10] Berkman, L.F. and I. Kawachi. Social cohesion, social capital, and health [A]. L. Berkman, Kawachi I. Social Epidemiology [C]. Oxford University Press: New York. 2000: 175-190.

[11] Bassuk, S.S., Glass T.A., Berkman L.F. Social disengagement and incident cognitive decline in community dwelling elderly persons [J]. Ann Intern Med 1999, 131: 165-173.

[12] Li, C., et al. Influence of social participation on life satisfaction and depression among Chinese elderly: Social support as a mediator [J]. J Community Psychol, 2018, 46: 345-355.

[13] Chiu, A.S. Social participation, self-perception, and social support in boys livingwith hemophilia [D]. University of Toronto. 2015.

[14] Chang, P.J., Wray L., and Y. Lin. Social relationships, leisure activity, and health in older adults [J]. Health Psychol, 2014, 33: 516-523.

[15] Chen, S., et al. Prevalence and natural course of late-life depression in China [J]. J Affect Disord, 2012, 141: 86-93.

[16] Chan, A., et al. Living arrangements, social networks and depressive symptoms among older men and women in Singapore [J]. Int J Geriatr Psychiatry, 2011, 26: 630-639.

[17] Cacioppo, J.T., and L.C. Hawkley. Perceived social isolation and cognition [J]. Trends in Cognitive Sciences, 2009, 13 (10): 447-454.

[18] Carlson, M.C., et al. Midlife activity predicts risk of dementia in older male twin pairs [J]. Alzheimers Dement, 2008, 4: 324-331.

[19] Crooks, V.C., et al. Social network, cognitive function, and dementia

incidence among elderly women [J]. Am J Public Health, 2008, 98: 1221-1227.

[20] Costa, A. A., et al. Tobacco Control Multiprofessional Program: aspects related to long term abstinence [J]. Revista da SOCERJ, 2006, 19: 397-403.

[21] Colclough, G. and B. Sitaraman. Community and social capital: What is the difference? [J]. Sociological Inquiry, 2005, 75 (4): 474-496.

[22] Doi, T., et al. Objectively measured physical activity, brain atrophy, and white matter lesions in older adults with mild cognitive impairment [J]. Experimental Gerontology, 2015, 62 (1): 1-6.

[23] Ding, N., Berry H. L. and L. V. O'Brien. One-year Reciprocal Relation-ship between Community Participation and Mental Wellbeing in Australia: A Panel Analysis [J]. Social Science & Medicine, 2015, 128: 246-254.

[24] Erlinghagen, M. and K. Hank. The participation of older Europeans in volunteer work [J]. Ageing & Society, 2006, 26 (4): 567-584.

[25] Field, M. J., and A. M. Jette. Definition and monitoring of disability [A]. Field, M. J. & A. M. Jette. The future of disability in America [C]. Washington, DC: The National Academies Press, 2007: 35-64.

[26] Fratiglioni, L. Paillard-Borg, S., and Winblad B. An active and socially integrated lifestyle in late life might protect against dementia [J]. The Lancet Neurology, 2004, 3: 343-353.

[27] Fredrickson, B., et al. The undoing effect of positive emotions [J]. Motivation and Emotion, 2000, 24 (4): 237-258.

[28] Giles, L. C., et al. Social networks and memory over 15 years of followup in a cohort of older Australians: results from the Australian Longitudinal Study of Ageing [J]. J Aging Res, 2012: 1-7.

[29] Gottlieb, B. H. and A. A. Gillespie. Volunteerism, health, and civic en-gagement among older adults [J]. Can J Aging 2008, 27: 399-406.

［30］ Glass, T. A. , et al. Social engagement and depressive symptoms in late life longitudinal findings ［J］. Journal of Aging and Health, 2006, 18 (4): 604-628.

［31］ George Maddox PhD. Duke University Center for the Study of Aging and Human Development ［J］. Gerontology&Geriatrics Education, 1993, 14 (1): 5-9.

［32］ Hülür, G. , et al. Levels of and changes in life satisfaction predict mortality hazards: Disentangling the role of physical health, perceived control, and social orientation ［J］. Psychology and Aging, 2017, 32 (6): 507-520.

［33］ Holmes, W. R. and J. Joseph. Social participation and healthy ageing: a neglected, significant protective factor for chronic non communicable conditions ［J］. Globalization and health, 2011, 7: 43.

［34］ Hong, S. I. , Hasche, L. , and Bowland, S. Structural relationships between social activities and longitudinal trajectories of depression among older adults ［J］. The Gerontologist, 2009, 49 (1): 1-11.

［35］ Holtzman, R. E. , et al. Social network characteristics and cognition in middle-aged and older adults ［J］. J Gerontol B Psychol Sci Soc Sci, 2004, 59: 278-284.

［36］ Hooyman, N. R. , and H. A. Kiyak. Social gerontology: A multidisciplinary perspective ［M］ . Boston, MA: Allyn and Bacon, 2002.

［37］ Hertzog, C. , Hultsch, D. F. , and R. A. Dixon. On the problem of detecting effects of lifestyle on cognitive change in adulthood: Reply to Pushkar et al. ［J］. Psychology and Aging, 1999, 14: 528-534.

［38］ Idler, E. L. and Y. Benyamini Self-rated health and mortality: a review of twenty-seven community studies ［J］. Journal of health and social behaviour, 1997, 38 (1): 21-37.

［39］ Jang, Y. , et al. Social engagement in older residents of assisted living facilities ［J］. Aging Ment Health, 2014, 18: 642-647.

［40］ Kimiko, T. , Norio K. , and H. Hiroshi. Positive and negative influences of social participation on physical and mental health among community-dwelling elderly aged 65-70 years: a cross-sectional study in Japan ［J］. BMC Geriatrics, 2017, 1: 111.

［41］ Kobayashi, K. M. , Cloutier-Fisher D. , and M. Roth. Making meaningful connections: a profile of social isolation and health among older adults in small town and small city, British Columbia ［J］. J Aging Health, 2009, 21: 374-397.

［42］ Kulminski, A. , et al. Accumulation of Heath Disorders as a Systemic Measure of Aging: Findings from the NLTCS Data ［J］. Mechanisms of Ageing and Development, 2006, 127: 840-848.

［43］ Kawachi, I. , Kennedy, B. P. and R. Glass. Social capital and self-rated health: a contextual analysis ［J］. American journal of public health, 1999, 89 (8): 1187-1193.

［44］ Lee, H. The impact of social activity on life satisfaction and depression of community-dwelling elderly: Comparing living arrangement ［J］. Journal of Community Welfare, 2014, 48 (1): 269-290.

［45］ Lim, J. T. , Park J. , et al. The relationship between social network of community-living elders and their health-related quality of life in Korean province ［J］. J Prev Med Pub Health, 2013, 46: 28-38.

［46］ Lou, V. W. , et al. Trajectories of social engagement and depressive symptoms among long-term care facility residents in Hong Kong ［J］. Age Ageing, 2013, 42: 215-222.

［47］ Levasseur, M. , et al. Inventory and analysis of definitions of social participation found in the aging literature: Proposed taxonomy of social activities ［J］. Social Science & Medicine, 2010, 71: 2141-2149.

［48］ Lupien, S. J. , et al. Effects of stress throughout the lifespan on the brain, behavior and cognition ［J］. Nature Reviews Neuroscience, 2009, 10 (6): 434-445.

［49］ Levasseur, M. , Desrosiers, J. , and D. St-Cyr Tribble. Comparing the disability creation process and international classification of functioning, disability and health models ［J］. Canadian Journal of Occupational Therapy, 2007, （3）: 233-242.

［50］ Lubben, J. , et al. Performance of an abbreviated version of the Lubben Social Network Scale among three European community-dwelling older adult populations ［J］. Gerontologist, 2006, 46: 503-513.

［51］ Lubben, J, M. W. Gironda. Measuring social networks and assessing their benefits. In: Phillipson C. , Allan G. , Morgan D. , editors. Social networks and social exclusion. Aldershot: Ashgate; 2003: 20-49.

［52］ Lawton, P. L. Meanings of activity. In J. R. Kelly （Ed. ）, Staying involved in later life. Newbury Park, CA: Sage. 1993: 25-41.

［53］ Minjoo Hong, Jennie C. De Gagne. , Hyewon Shin. Social networks, health promoting-behavior, and health-related quality of life in older Korean adults ［J］. Nursing& Health Sciences, 2018, （20）: 79-88.

［54］ Myungsook Woo, Sunghoon Kim. Does social capital always raise life satisfaction? A comparison of South Korea and Taiwan ［J］. Int J Soc Welfare, 2018, 27: 121-131.

［55］ Momtaz, Y. A. , et al. Social embeddedness as a mechanism for linking social cohesion to well-being among older adults: moderating effect of gender ［J］. Clin Interv Aging 2014, 201: 863-870.

［56］ Moore, S. , Teixeira A. , and S. Stewart. Effect of network social capital on the chances of smoking relapse: a two-year follow-up study of urban-dwelling adults ［J］. Am J Public Health. 2014, 104: e72-e76.

［57］ Miller, L. M. , et al. Social activity decreases risk of placement in a long-term care facility for a prospective sample of community-dwelling older adults ［J］. Research in Gerontological Nursing. 2014, 7 （3）: 106-112.

［58］ Morrow-Howell N. , et al. An Investigation of Activity Profiles of Older

Adults [J]. Journals of Gerontology, 2014, 5: 809.

[59] Marengoni, A. et al. Aging with multimorbidity: A systematic review of the literature [J]. Aging Research Reviews, 2011, (4): 430-439.

[60] Levasseur, M. et al. Inventory and analysis of definitions of social partici-pation found in the aging literature: Proposed taxonomy of social activities [J]. Social science & medicine, 2010, 12: 2141-2149.

[61] Maier H. and P. L. Klumb. Social Participation and Survival at Older A-ges: Is the Effect Driven by Activity Content or Context? [J]. European Journal of Ageing, 2005, 1: 31-39.

[62] Mitnitski A. B., et al. Relative Fitness and Frailty of Elderly Men and Women in Developed Countries and their Relationship with Mortality [J]. Journal of the American Geriatrics Society, 2005, 35: 2184 -2189.

[63] Melchior, M., et al. Social relations and sef-reported health: a prospective analysis of the French Gazel cohort [J]. Social Science & Medicing, 2003, 56 (8): 1817-1830.

[64] Mitchell, C. U., LaGory M. Social capital and mental distress in an im-poverished community [J]. City Community, 2002, 1: 199-222.

[65] Mitnitski, A. B., Mogilner A. J., Rockwood K. Accumulation of deficits as a proxy measure of aging [J]. Sci World J, 2001, 8 (1): 323-336.

[66] Musick, M. A., Herzog A. R., House J. S. Volunteering and mortality among older adults: findings from a national sample [J]. J Gerontol B Psychol Sci Soc Sci, 1999, 3: S173-S180.

[67] Meredith, W., and J. Tisak. Latent curve analysis [J]. Psychometrika, 1990, 55: 107-122.

[68] Nazim Habibov, Elvin Afandi. Does life satisfaction determine subjective health [J]. Applied Research Quality Life, 2016, 11: 413-428.

[69] Nicholson, N. R. Jr. Social isolation in older adults: an evolutionary con-

cept analysis [J]. Journal of advanced nursing, 2008, 65 (6): 1342-1352.

[70] Newsom, J. T., and Schulz R. Social support as a mediator in the relation between functional status and quality of life in older adults [J]. Psychol Aging, 1996, 11: 34-44.

[71] Park, M., Kim J., Park B. The effects of health on the life satisfaction of poor and nonpoor older women in Korea [J]. Health Care Women Int, 2014, 35: 1287-1302.

[72] Pollack, E. and von dem Knesebeck, O. Social capital and health among the aged: comparisons between the United States and Germany [J]. Health and place, 2004, 10 (4): 383-391.

[73] Rocco, L. and M. Suhrcke. Is social capital good for health? A European perspective. Copenhagen, WHO Regional Office for Europe. 2012.

[74] Ricci N. A. Francisco CO. Rebelatto MN. et al. Influence of history of smoking on the physical capacity of older people [J]. Archives of Gerontology and Geriatrics, 2011, 52 (1): 79.

[75] Rockwood K., Song X., MacKnight C. et al. A global clinical measure of fitness and frailty in elderly people [J]. CMAJ, 2005 (30); 173: 489-495.

[76] Rockwook K., Minitski A., MacKnight C. Something mathematical models of frailty and their clinical implications [J]. Rev Clin Gerontol, 2002, (12): 109-117.

[77] R. D. Hill, M. Storandt; M. Malley. The Impact of Long-term Exercise Training on Psychological Function in older Adults [J]. Journal of gerontology, 1993, 1: 12-17.

[78] Simone Croezen, Mauricio Avendano, Alex Burdorf and Frank J. van Lenthe. Social Participation and Depression in Old Age: A Fixed-Effects Analysis in 10 European Countries [J]. American Journal of Epidemiology, 2015, 2: 168-176.

[79] Sörman, D. E. , Sundström, A. , Rönnlund, M. , Adolfsson, R. , & Nilsson, L. G. Leisure activity in old age and risk of dementia: A 15-year prospective study [J]. Journals of Gerontology, 2014, 69 (4): 493-501.

[80] Sirven, N. and Debrand T. Social Capital and Health of Older Europeans: Causal Pathways and Health Inequalities [J]. Social Science & Medicine, 2012, 7: 1288-1295.

[81] Smith, K. P. and Christakis, N. A. Social networks and health. Annual Review of Sociology [J]. Social Science&Medicine, 2008, 75 (7): 1288-1295.

[82] Sirven, N. and T. Debrand. Social participation and healthy ageing: an international comparison using SHARE data [J]. Social Science&Medicine, 2008, 12: 2017-2026.

[83] Smith, K. P. and N. A. Christakis. Social networks and health [J]. Annual Review of Sociology, 2008, 24: 405-429.

[84] Saczynski J. S. , et al. The effect of social engagement on incident dementia: the Honolulu- Asia Aging Study [J]. Am J Epidemiol, 2006, 163: 433-440.

[85] Stephens, K. K. and R. N. Rimal. Expanding the reach of health campaigns: community organizations as meta- channels for the dissemination of health information [J]. Journal of Health Communication, 2004, 9: 97-111.

[86] Scarmeas, N. , and Y. Stern. Cognitive reserve and lifestyle [J]. Journal of Clinical and Experimental Neuropsychology, 2003, 25: 625-633.

[87] Stern, Y. What is cognitive reserve? Theory and research application of the reserve concept [J]. Journal of the International Neuropsychological Society, 2002, 8: 448-460.

[88] Katz S. , et al. Studies of illness in the aged. The index of ADL: A standardized measure of biological and psychosocial function [J]. Journal of

the American Medical Association, 1963, 185: 914-919.

[89] Tavares, J., Burr J. A., Mutchler J. E. Race differences in the relationship between formal volunteering and hypertension [J]. J Gerontol B Psychol Sci Soc Sci, 2013, 68: 310-319.

[90] Takagi, D., Kondo, K., Kawachi, I. Social participation and mental health: moderating effects of gender, social role and rurality [J]. BMC Public Health, 2013, 13: 1-8.

[91] Thanakwang K., Ingersoll-Dayton B., Soonthorndhada K. The relationships among family, friends, and psychological well-being for Thai elderly [J]. Aging Ment Health, 2012, 16: 993-1003.

[92] Thomas, P. Trajectories of social engagement and limitations in late life [J]. Journal of Health and Social Behavior, 2011, 52 (4): 430-443.

[93] Toppe, C. Measuring volunteering: a behavioral approach [M]. Washington, DC: The Centre for Information & Research on Civic Learning & Engagement, 2005.

[94] Tugade, M., Fredrickson, L., and L. Feldman Barrett. Psychological resilience and positive emotional granularity: examining the benefits of positive emotions on coping and health [J]. Journal of Personality, 2004, 72 (6): 1161-1190.

[95] Uchino, B. N. Social support and physical health: Understanding the health consequences of relationships [M]. New Haven, CT: Yale University Press, 2004.

[96] Von Bonsdorff, M. B., Rantanen T. Benefits of formal voluntary work among older people: a review [J]. Aging Clin Exp Res, 2011, 23: 162-169.

[97] Van Baal, P. et al. Cost-effectiveness of a Low-Calorie Diet and Orlistat for Obese Persons: Modeling Long-Term Health Gains through Prevention of Obesity-Related Chronic Disease [J]. Value in Health, 2008, 11 (7): 1033-1040.

[98] Veenstra, G. Social capital, SES and health: an individual-level analysis [J]. Social science & medicine, 2000, 50 (5): 619-629.

[99] World Health Organization. Depression and Other Common Mental Disorders Global Health Estimates [R]. 2017.

[100] Wang, H-X et al. Late life leisure activities and risk of cognitive decline [J]. Journals of Gerontology: Medical Sciences, 2013, 2: 205-213.

[101] Wang, H., et al. Late-life engagement in social and leisure activities is associated with a decreased risk of dementia: a longitudinal study from the Kungsholmen Project [J]. Am J Epidemiol, 2002, 155: 1081-1087.

[102] World Health Organization. Active Ageing: A Policy Framework [R]. 2002.

[103] Wilson, J. Volunteering [J]. Annual Review of Sociology, 2000, 26: 215-240.

[104] Wheeler, J. A., Gorey, K. M., Greenblatt, B. The beneficial effects of volunteering for older volunteers and the people they serve: a meta-analysis [J]. Int J Aging Hum Dev, 1998, 47: 69-79.

[105] Yang, Y. and L. C. Lee. Dynamics and Heterogeneity in the Process of Human Frailty and Aging: Evidence from the US Older Adult Population [J]. The Journals of Gerontology Series B: Psychological Sciences and Social Sciences, 2010, 2: 246-255.

[106] Young, F. W., Glasgow N. Voluntary social participation and health [J]. Res Aging, 1998, 20: 339-362.

[107] Zunzunegui, M., et al. Social networks, social integration, and social engagement determine cognitive decline in community-dwelling Spanish older adults [J]. J Gerontol B Psychol Sci Soc Sci, 2003, 58: 93-100.

[108] 陈岱云, 陈希. 人口新常态下服务于老年人社会参与问题研究 [J]. 山东社会科学, 2015, 7: 114-119.

[109] 曹维明. 老年健康的社会影响因素研究 [D]. 浙江大学, 2014.

[110] 陈强. 高级计量经济学及 Stata 应用 [M]. 北京：高等教育出版社，2014.

[111] 董亭月. 中国老年人的政治参与及其影响因素研究——基于 2010 年 CGSS 调查数据的实证分析 [J]. 人口与发展，2016，5：80，81-89.

[112] 杜鹏，董亭月. 促进健康老龄化：理念变革与政策创新——对世界卫生组织《关于老龄化与健康的全球报告》的解读 [J]. 老龄科学研究，2015，3（12）：3-10.

[113] 杜鹏. 中国老年人口健康状况分析 [J]. 人口与经济，2013，(6)：3-9.

[114] 杜鹏. 中国人口老龄化过程研究 [M]. 北京：中国人民大学出版社，1994：23-24，27.

[115] 杜鹏. 老年人口划分标准问题 [J]. 人口研究，1992，(2)：10，50-52.

[116] 段世江. 老年志愿者活动——一个积极老龄化的重要实现途径 [D]. 中国人民大学，2009.

[117] 段世江，张辉. 老年人社会参与的概念和理论基础研究 [J]. 河北大学成人教育学院学报，2008，(3)：82-84.

[118] 傅宏，陈庆荣. 积极老龄化：全球视野下的老年心理健康研究和实践探索 [J]. 心理与行为研究，2015，13（05）：713-720.

[119] 范明林，张钟汝. 老年社会工作 [M]. 上海：上海大学出版社，2005.

[120] 国家卫生计生委统计信息中心. 2013 第五次国家卫生服务调查分析报告 [M]. 北京：中国协和医科大学出版社，2015.

[121] 国务院人口普查办公室，国家统计局人口和就业统计司编. 中国 2010 年人口普查资料下 [M]. 北京：中国统计出版社，2012.

[122] 顾大男，曾毅，柳玉芝，曾宪新. 中国老年人虚弱指数及其与痛苦死亡的关系研究 [J]. 人口研究，2007，(05)：35-41.

[123] 顾大男. 老年人年龄界定和重新界定的思考 [J]. 中国人口科学，

2000，（03）：42-51.

[124] 侯桂云，黎光明，谢晋艳，杨栋. 老年人认知功能的变化轨迹：基于潜变量增长模型的分析 [J]. 心理科学，2018，41（4）：835-841.

[125] 胡宏伟等. 社会活动参与、健康促进与失能预防——基于积极老龄化框架的实证分析 [J]. 中国人口科学，2017，（4）：87-128.

[126] 黄伟伟，陆迁，赵敏娟. 社会资本对西部贫困地区农村老年人健康质量的影响路径——基于联立方程模型的中介效应检验 [J]. 人口与经济，2015，（05）：61-71.

[127] 胡安宁. 社会参与、信任类型与精神健康：基于 CGSS2005 的考察 [J]. 社会科学，2014，（04）：64-72.

[128] 黄洁萍，尹秋菊. 社会经济地位对人口健康的影响——以生活方式为中介机制 [J]. 人口与经济，2013，（03）：26-34.

[129] 韩布新，李娟. 老年人心理健康促进的理论与方法 [J]. 老龄科学研究，2013，1（04）：8-17.

[130] 韩青松. 老年社会参与的现状、问题及对策 [J]. 南京人口管理干部学院学报，2007，（04）：41-44.

[131] 姜向群，魏蒙，张文娟. 中国老年人口的健康状况及影响因素研究 [J]. 人口学刊，2015，37（02）：46-56.

[132] 李文畅，胡宏伟，李斯斯，夏露. 社会活动与老年健康促进：基于2005-2014 年追踪数据的考察 [J]. 人口与发展，2018，24（02）：90-100.

[133] 李路路，王煜. "健康"作为生活方式的模式：机会结构和个体能动性的双重建构——基于潜类别分析的研究 [J]. 江苏社会科学，2018，（05）：70-81，274.

[134] 陆杰华，李月，郑冰. 中国大陆老年人社会参与和自评健康相互影响关系的实证分析——基于 CLHLS 数据的检验 [J]. 人口研究，2017，（1）：15-26.

[135] 刘生龙，郎晓娟. 退休对中国老年人口身体健康和心理健康的影响

[J]. 人口研究, 2017, 41 (05): 74-88.

[136] 刘西国. 社交活动如何影响农村老年人生活满意度 [J]. 人口与经济, 2016, (02): 40-47.

[137] 李建新, 李春华. 城乡老年人口健康差异研究 [J]. 人口学刊, 2014, 36 (05): 37-47.

[138] 刘俊升, 周颖, 李丹. 童年中晚期孤独感的发展轨迹: 一项潜变量增长模型分析 [J]. 心理学报, 2013, 45 (02): 179-192.

[139] 李晓敏, 韩布新. 城市老年人抑郁症状检出率随年代的变化趋势 [J]. 中国老年学杂志, 2012, 32 (16): 3496-3499.

[140] 李婷, 吴红梅, 杨茗, 沈静, 董碧蓉. 生活行为方式对我国老年人健康自评影响的系统评价 [J]. 中国老年学杂志, 2011, 31 (22): 4423-4426.

[141] 梁荫基. 虚弱指数在老年人健康评估中的应用及研究进展 [J]. 中华护理杂志, 2010, 45 (12): 1144-1146.

[142] 雷晓燕, 谭力, 赵耀辉. 退休会影响健康吗? [J]. 经济学 (季刊), 2010, 9 (04): 1539-1558.

[143] 李宗华. 老年人社会参与的理论基础及路径选择 [J]. 山东省农业管理干部学院学报, 2009, 25 (04): 92-94.

[144] 李宗华. 近30年来关于老年人社会参与研究的综述 [J]. 东岳论丛, 2009, (8): 60-64.

[145] 刘颂. 老年社会参与对心理健康影响探析. 南京人口管理干部学院学报, 2007, 4: 38-40.

[146] 刘红云, 张雷. 追踪数据分析方法及其应用 [M]. 北京: 教育科学出版社, 2005, 05.

[147] 林子利. 增强老年人社会参与意识的思考 [J]. 发展研究, 2002, (12): 61-62.

[148] 穆光宗. 不分年龄、人人健康: 增龄视角下的健康老龄化 [J]. 人口与发展, 2018, 24 (01): 11-13.

[149] 穆光宗. 成功老龄化: 中国老龄治理的战略构想 [J]. 国家行政学

院学报，2015，（03）：55-61.

[150] 马丹. 社会网络对生活满意度的影响研究：基于京、沪、粤三地的分析 [J]. 社会，2015，（03）：168-192.

[151] 穆光宗. 老年发展论：21 世纪成功老龄化的战略的基本框架 [J]. 人口研究，2002，（6）.

[152] 全国老龄工作委员会办公室. 第四次中国城乡老年人生活状况抽样调查数据开发课题研究报告汇编 [M]. 北京：华龄出版社，2018.

[153] 邱皓政. 潜在类别模型的原理与技术 [M]. 北京：教育科学出版社，2008.

[154] 全国老龄工作委员会办公室，中国老龄协会. 第二次老龄问题世界大会暨亚太地区后续行动会议文件选编 [M]. 北京：华龄出版社，2000.

[155] 宋瑞. 休闲与生活满意度：基于全国样本的实证分析 [J]. 中国软科学，2014，（09）：55-66.

[156] 宋瑞. 时间、收入、休闲与生活满意度：基于结构方程模型的实证研究 [J]. 财贸经济，2014，（06）：100-110.

[157] 孙薇薇. 代际支持对城市老年人精神健康的影响 [J]. 中国社会保障，2010，（03）：40-41.

[158] 世界卫生组织. ICF 国际功能、残疾和健康分类 [M]. 世界卫生组织，2001.

[159] 巫锡炜，刘慧. 中国老年人虚弱变化轨迹及其分化：基于虚弱指数的考察 [J]. 人口研究，2019，43（04）：70-84.

[160] 王孟成. 潜变量建模与 Mplus 应用进阶篇 [M]. 重庆：重庆大学出版社，2018.

[161] 王胜今，舒莉. 积极应对我国人口老龄化的战略思考 [J]. 吉林大学社会科学学报，2018，58（06）：5-14，203.

[162] 温兴祥，文凤，叶林祥. 社会资本对农村中老年人精神健康的影响——基于 CHARLS 数据的实证研究 [J]. 中国农村观察，2017，（04）：130-144.

[163] 王孟成，邓俏文，毕向阳，叶浩生，杨文登. 分类精确性指数 Entropy 在潜在剖面分析中的表现：一项蒙特卡罗模拟研究 [J]. 2017，（11）：1473-1482.

[164] 位秀平. 中国老年人社会参与和健康的关系及影响因子研究 [D]. 华东师范大学，2015.

[165] 位秀平，吴瑞君. 中国老年人的社会参与对死亡风险的影响 [J]. 南方人口，2015，30（02）：57-69.

[166] 王彦斌，许卫高. 老龄化、社会资本与积极老龄化 [J]. 江苏行政学院学报，2014，（03）：60-66.

[167] 王跃生. 中国城乡家庭结构变动分析——基于 2010 年人口普查数据 [J]. 中国社会科学，2013，（12）：60-77，205-206.

[168] 邬沧萍. 积极应对人口老龄化理论诠释 [J]. 老龄科学研究，2013，1（01）：4-13.

[169] 王甫勤. 社会经济地位、生活方式与健康不平等 [J]. 社会，2012，32（02）：125-143.

[170] 王莉莉. 中国老年人社会参与的理论、实证与政策研究综述 [J]. 人口与发展，2011，17（03）：35-43.

[171] 邬沧萍主编. 社会老年学 [M]. 中国人民大学出版社，1999.

[172] 邬沧萍，王高. 论"老有所为"问题及其研究方法 [J]. 老龄问题研究，1991，（6）.

[173] 谢立黎，汪斌. 积极老龄化视野下中国老年人社会参与模式及影响因素 [J]. 人口研究，2019，43（03）：17-30.

[174] 薛新东. 社会参与对我国中老年人认知功能的影响 [J]. 中国卫生政策研究，2018，11（05）：1-9.

[175] 薛新东，葛凯啸. 社会经济地位对我国老年人健康状况的影响——基于中国老年健康影响因素调查的实证分析 [J]. 人口与发展，2017，23（02）：61-69.

[176] 薛新东，刘国恩. 社会资本决定健康状况吗——来自中国健康与养老追踪调查的证据 [J]. 财贸经济，2012，（08）：113-121.

[177] 夏传玲. "老"的主体界定 [M]，载于冯贵山主编：《迈向 21 世纪老龄问题探讨》. 中国文联出版公司，1997：246-249.

[178] 许军. 自评健康及其应用研究 [J]. 中国社会医学杂志，1998，(3)：105-108.

[179] 熊必俊. 老有所为的理论与实践 [M]. 北京：经济管理出版社，1993.

[180] 余央央，封进. 我国老年健康的动态变化及对健康老龄化的含义 [J]. 世界经济文汇，2017，(03)：1-16.

[181] 张霞，杨一帆. 我国中老年人精神健康的影响因素研究——基于 CHARLS 数据的实证分析 [J]. 老龄科学研究，2017，5 (02)：63-73.

[182] 杨磊，王延涛. 中国老年人虚弱指数与死亡风险及队列差异 [J]. 人口与经济，2016，(02)：48-57.

[183] 晏丹丹等. 高龄老人的身心健康状况及与体力活动的关系研究 [C]. 中国体育科学学会. 2015 第十届全国体育科学大会论文摘要汇编 (三). 中国体育科学学会：中国体育科学学会，2015：821-822.

[184] 姚远，陈昫. 老龄问题群体分析视角理论框架构建研究 [J]. 人口研究，2013，37，(02)：73-82.

[185] 杨宗传. 再论老年人口的社会参与 [J]. 武汉大学学报 (人文社会科学版)，2000，(01)：61-65.

[186] 赵耀辉等. 中国健康与养老报告 [R]. 北京大学中国健康与养老追踪调查项目组. 2019.

[187] 郑晓冬，方向明. 社会活动参与对老年人健康的影响——基于 CHARLS 2011 数据的考察 [J]. 哈尔滨工业大学学报 (社会科学版)，2017，19 (02)：16-23.

[188] 张莉，崔臻晖. 休闲活动对我国老年人认知功能的影响 [J]. 心理科学，2017，40 (2)：380-387.

[189] 张冲，张丹. 城市老年人社会活动参与对其健康的影响——基于

CHARLS 2011 年数据 [J]. 人口与经济, 2016, (5): 55-63.

[190] 张文娟, 赵德宇. 城市中低龄老年人的社会参与模式研究 [J]. 人口与发展, 2015, (01): 78-88.

[191] 赵忻怡, 潘锦棠. 城市女性丧偶老人社会活动参与和抑郁状况的关系 [J]. 妇女研究论丛, 2014, 02: 25-33.

[192] 张川川, 陈斌开. "社会养老" 能否替代 "家庭养老"? ——来自中国新型农村社会养老保险的证据 [J]. 经济研究, 2014, 49 (11): 102-115.

[193] 左群, 刘辉, 刘素平, 陈首英, 张宗光, 李希良, 张玉森, 李胜博, 朱越, 李翠. 城市老年人精神虚弱相关影响因素 [J]. 中国老年学杂志, 2014, 34 (23): 6743-6745.

[194] 曾宪华, 肖琳, 张岩波. 潜在类别分析原理及实例分析 [J]. 中国卫生统计, 2013, 30 (06): 815-817.

[195] 张晓. 童年早期社会能力的发展: 一个潜变量增长模型 [J]. 心理学报, 2011, 43 (12): 1388-1397.

[196] 曾毅等. 老年人口家庭、健康与照料需求成本研究 [M]. 北京: 科学出版社, 2010.

[197] 曾宪新. 我国老年人口健康状况的综合分析 [J]. 人口与经济, 2010, (05): 80-85.

[198] 曾宪新. 老年健康综合指标——虚弱指数研究进展 [J]. 中国老年学杂志, 2010, 30 (21): 3220-3223.

[199] 张洁婷, 焦璨, 张敏强. 潜在类别分析技术在心理学研究中的应用. 心理科学进展, 2010, 18 (12): 1991-1998.

[200] 张恺悌主编. 中国城乡老年人社会活动和精神心理状况研究 [M]. 北京: 中国社会出版社, 2009.

[201] 曾毅等. 中国高龄老年人健康长寿影响因素 [M]. 北京: 北京大学出版社, 2004: 3-22.

后　记

本书是在博士学位论文的基础上修改完成的，作为人生的第一部著作，我期待万分！2020年博士毕业至今，转眼已经工作近两年的时间，伴随着一个又一个身份的转变，自己也在不断的调整和适应中成长。

回顾自己的学术生涯，首先要感谢我的博士生导师王学义教授。在学术会议上的初见使我感受到了王老师的风趣幽默、谈吐不凡，他对待学术更是一丝不苟，经常伏案到深夜，其认真程度令我们年轻人感到惭愧。生活中，王老师会给予学生们家人般的关怀，这使我这个当时身处蜀地的北方人感受到了家的温暖。在此向王老师致以最诚挚的感谢！

我还要特别感谢王金营教授，作为我的硕士生导师，他是引我走进学术之门的恩师。我学术生涯的每一个关键阶段都离不开王老师的指点和帮助。王老师在科研上严谨认真、教学中春风化雨，作为学术大家的他平易近人，为每位弟子授业解惑。王老师深厚的学术造诣以及独特的人格魅力深深地感染着我，是我一生学习的榜样！

还要感谢一路上与我同行的伙伴们，他们是李竞博博士、闫东东博士、侯蔺博士、石贝贝博士、戴琼瑶博士、杨成洲博士、张兴月博士、肖雅心博士、李明纯博士、刘卓博士，与他们在学术和生活中的交流使我受益匪浅。

我要重点感谢我的父母、爱人和即将出生的宝宝，你们给予我无限的精神慰藉，是支撑我一直走下去的动力源泉。

在本书即将出版之际，要特别感谢河北大学经济学院学科建设项目以及河北大学高层次人才科研启动项目的支持和资助，感谢社会科学文献出版社负责此书的各位编辑！

千言万语汇成一句话，感恩我所拥有的一切！相信今后的我会更有勇气面对生活中的一切困难与挑战，迎接一个又一个的未知与美好。但行好事，莫问前程！

　　　　　　　　　　　　　　　　　　　　　　杨　茜
　　　　　　　　　　　　　　　　　　　　于壬寅年仲夏

图书在版编目（CIP）数据

积极老龄化：人口健康与社会参与 / 杨茜著. --
北京：社会科学文献出版社，2022.8
ISBN 978-7-5228-0210-7

Ⅰ.①积… Ⅱ.①杨… Ⅲ.①人口老龄化-研究-中
国 Ⅳ.①C924.24

中国版本图书馆 CIP 数据核字（2022）第 099228 号

积极老龄化：人口健康与社会参与

著　　者 / 杨　茜

出 版 人 / 王利民
组稿编辑 / 邓泳红
责任编辑 / 吴云苓
责任印制 / 王京美

出　　版 / 社会科学文献出版社 · 皮书出版分社（010）59367127
　　　　　地址：北京市北三环中路甲 29 号院华龙大厦　邮编：100029
　　　　　网址：www.ssap.com.cn
发　　行 / 社会科学文献出版社（010）59367028
印　　装 / 三河市龙林印务有限公司

规　　格 / 开　本：787mm×1092mm　1/16
　　　　　印　张：13.75　字　数：211 千字
版　　次 / 2022 年 8 月第 1 版　2022 年 8 月第 1 次印刷
书　　号 / ISBN 978-7-5228-0210-7
定　　价 / 98.00 元

读者服务电话：4008918866